ABITUR-TRAINING

Englisch – Grundlagen, Arbeitstechniken und Methoden

mit Audio-CD

Jochen Baier

STARK

Autor: Dr. Jochen Baier

Bildnachweis
Umschlag: © scotto72/iStockphoto
Seite 37: ullstein bild/AP
Seite 38: ullstein bild/Vario Press
Seite 39: © Igor Kondenko
Seite 41: © BMW AG
Seite 46: © Copyright 2006 Mike Lane - All Rights Reserved. www.politicalcartoons.com;
© Inter IKEA Systems B.V. 2009, used with the permission of Inter IKEA
Seite 57: © Cinetext Bildarchiv
Seite 81/82: © Dr. Jochen Baier

www.stark-verlag.de
1. Auflage 2009

STARK

Inhalt

Fortsetzung siehe nächste Seite

Autor: Dr. Jochen Baier

Vorwort

Liebe Schülerin, lieber Schüler,

von Ihnen wird als Schulabgänger in einer sich ständig schneller entwickelnden, „weltweiten“ Gesellschaft erwartet, dass Sie ein bis zwei Sprachen fließend beherrschen, wobei dem Englischen eine ganz besondere Rolle für Ihre späteren Berufschancen zukommt. Quantitativ gesehen bildet das Englische mit etwa 9 Millionen Sprechern eine der am weitesten verbreiteten Sprachen – lediglich Chinesisch wird von mehr Menschen gesprochen (11 Millionen). Qualitativ gesehen ist das Englische sogar noch bedeutsamer, da etwas über die Hälfte des gesamten Welteinkommens in Ländern verdient wird, in denen Englisch zur Verständigung oder zumindest als „Wirtschaftssprache“ dient.

Die **erprobten Übungen** und **präzise gebündelten Fachinformationen** dieses Trainingsbands werden Ihnen helfen, Ihre Chancen wahrzunehmen und Ihre **Kompetenzen** zielgerichtet und praktisch zu fördern.
Sie können sich mit den vorliegenden Materialien alle Methoden des Faches Englisch völlig selbstständig erarbeiten. Damit Sie umfassend vorbereitet und mit einem sicheren Gefühl in Ihre Prüfungen gehen können, gibt es in jedem Unterkapitel folgende Abschnitte:

- notwendiges Basiswissen
- Erklärung der Methode(n)
- Übungen (immer mit Selbstkontrollmöglichkeit)
- grafische Kurzzusammenfassung („Alles auf einen Blick“)

Wir wünschen Ihnen nun viel Erfolg mit den Informationen und Übungen und ein gutes Gelingen Ihrer Prüfungen!

Best wishes

Jochen Baier

Dr. Jochen Baier

Leseverstehen • *Reading comprehension*

1 Einführung

Lesen ist eine **Schlüsselkompetenz**, ohne die man selbst in der heutigen, technisierten Welt nicht auskommt. Durch zielgerichtetes Training und Einsatz moderner Lesemethoden können Sie diese Kompetenz entscheidend steigern.

1.1 Basiswissen

Sicher erscheint ein Text auf den ersten Blick lediglich eine Ansammlung schwarzer Zeichen auf einem weißen Papier oder auf einem Computerbildschirm zu sein. Gleichzeitig ist ein Text aber natürlich sehr viel mehr und genau dies gilt es zu verstehen, wenn Sie sich beim Lesen englischer Texte verbessern wollen. Der folgende Teil des Buches zeigt Ihnen auf, welche Arten von Texten es gibt und welche Formen des Lesens Sie daher beherrschen müssen. Sie werden sehen, wie vielfältig Lesen sein kann.
Verschaffen Sie sich zuerst einen Überblick über die Texte, die Sie im Verlauf Ihres Englischunterrichts gelesen haben. Füllen Sie dazu die nachfolgende Tabelle aus. Wenn Sie pro Textkategorie einen Titel aus Ihrem Unterricht eintragen können und alle Kategorien abhaken, aus denen Sie mindestens einen Beispieltext kennen, dann fällt es Ihnen bei Ihrer Prüfungsvorbereitung sicher leicht, alle wichtigen, textspezifischen Inhalte zu wiederholen.

Ausfülltabelle: Gattungen und Textarten

Material **Fiktionale Schrifttexte („fictional texts“)**

Drama ***(play or drama)***	**Erzähltexte** ***(narratives)***	**Dichtung** ***(poetry)***
Einakter ***(one-act plays)*** Sketch *(sketch)* __________	**Kurzschriften** ***(short fiction)*** Kurzgeschichten *(short stories)* __________	**Gedicht** ***(poem)*****, z. B. Sonnett** ***(sonnet)*** __________

Kurzstück *(short play)* __________	Fabel *(fable)* __________ Märchen *(fairy tale)* __________	Modernes Gedicht *(modern poem)* __________
Langstück *(full length play)* Klassisches Drama *(classical drama)* __________ Modernes Drama *(modern drama)* __________	**Langschriften** Roman *(novel)* __________	**Lieder *(songs)*** __________
	Graphisch unterstützte Fiktion Cartoons *(cartoons)* __________	

Nicht-fiktionale Schrifttexte („non-fictional texts“)

Sachtechte *(written topical texts)*		
Zeitung und Internet *(newspaper and internet)*	**Wissenschaftliche Sachtexte *(scientific treatises)***	**Sonstige *(miscellaneous)***
Zeitungsartikel *(article)* News story *(news story)* __________ Report *(report)* __________ Kommentar/Leitartikel *(comment/leading article)* __________ Hintergrundbericht *(background feature)* __________ Portal *(portal)* __________	**Historischer Text *(historical text)*** __________	**Anweisungen *(manual)*** Gebrauchsanweisung *(instructions)* __________ Spielregeln *(rules of a game)* __________ Kochbuch *(cook book)* __________

Werbeanzeige (*advertisement*), Großanzeige (*commercial ad*) Kleinanzeige (*personal columns*)	**Geografischer Text (*geographical text*)**	**Persönliche Aufzeichnungen (*personal notes*)** Tagebucheintrag (*diary entry*)
Interview (*interview*)	**Politischer Text (*political text*)**	**Persönliche Botschaften (*personal communication*)** Brief (*letter*) Email (*email*)
Klatschpresse (*yellow press texts*) Celebrities (*stars and starlets*) Kummerkasten (*agony aunt*)	**Biographie/Autobiographie (*biography/ autobiography*)**	**Tafelanschriebe (*blackboard texts*)**
(Theater-)Kritik (*review*)	**Literarischer Sachtext (*literary analysis*)** Literaturkritik (*literary criticism*)	**Grafische Formen/Text- und Abbildungskombinationen (*graphic texts and combinations of texts and graphic elements*)** Tabellen (*tables*) Diagramme und Schaubilder (*charts*) Karten (*maps*) Internetseiten (*internet sites*) Werbeanzeigen (*advertisements*)

Neben dem Wissen, welche verschiedenen Texttypen es gibt, ist es natürlich wichtig, die **zentralen englischen Begriffe zum Thema Texte und Leseverstehen** zu beherrschen – und zwar als Teil Ihres aktiven Wortschatzes. Erst danach macht es Sinn, sich genauer mit den einzelnen Gattungen, Texttypen und jeweils passenden Lesemethoden zu beschäftigen.

Vokabelliste zur Kategorisierung von Texten

Material

Englisch	Deutsch
fictional texts	fiktionale Texte
author/writer	Autor/Verfasser/Schriftsteller
text type/genre	Gattung/Textsorte
characteristic	Merkmal
characteristic/typical of	charakteristisch
epoch/era/period	Epoche
play/drama	Drama
sketch/short play/one-act play	Kurzstück
full length play/(piece of) drama	Langstück
theatre/playhouse	Theater
playwright/dramatist	Dramenautor/Dramatiker
actor (actress)	Schauspieler(in)
director	Regisseur
performance/show	Aufführung
(dress-)rehearsal	(General-)Probe
stage/scenery	Bühne
protagonist/main/central character	Charakter/Hauptfigur
minor character	Nebenfigur
setting	Ausstattung/Kulisse/Schauplatz, Szenario
plot, action, storyline	Handlung
soliloqui, stage monologue	Bühnenmonolog
narrative, narrative text, narration	Erzähltexte
short fiction	Kurzschrift
short story	Kurzgeschichte
fable	Fabel

parable	Parabel
fairy tale	Märchen
saga/myth/legend	Sage
novel	Roman
science fiction (novel)	Zukunftsroman
fantasy	Fantasie
detective story/crime story/thriller	Detektivroman/Kriminalroman
novelist	Romanautor
editor	Herausgeber
release/publication	Veröffentlichung
edition	Ausgabe
circulation	Auflage
volume	Band
title	Titel
table of contents	Inhaltsverzeichnis
chapter	Kapitel
section/part/passage	Abschnitt
excerpt/sample text	Auszug/Beispieltext
introduction/exposition	Einleitung
main part	Hauptteil
ending/end	Schluss, Ende
retrospection/flashback (meist bei Filmen)	Rückblick
point of view/narrative technique	Erzählperspektive
omniscient/omnipresent narrator	allwissender Erzähler
third-person narrator/authorial narrator	Erzähler der dritten Person/ auktorialer Erzähler
first-person narrator/I-narrator	Ich-Erzähler
(internal) monologue/train of thought	(innerer) Monolog/Gedankenfluss
poetry/lyrical verse	Dichtung, Lyrik
poem	Gedicht
ballad	Ballade
sonnet	Sonett
song	Lied
poet, lyricist	Lyriker

climax	Höhepunkt
line	Vers
stanza	Strophe
metre and rhyme	Versmaß und Reim
rhyme scheme/pattern of rhyme	Reimschema
theme/topic/leitmotif/motif	Thema/(Leit-)Motiv
stylistic device/formal means	Stilmittel
metaphor	Metapher
simile/comparison	Vergleich
non-fictional texts/topical texts	Nicht-fiktionale Schrifttexte (Sachtexte)
newspaper article	Zeitungsartikel
report/news story/background feature	Bericht/Hintergrundbericht
comment/leading article	Kommentar/Leitartikel
advertisement/commercial ad	Werbeanzeige
personal columns	Kleinanzeige/Kontaktanzeige
yellow press texts	Klatschpresse
satire	Satire
agony aunt	Kummerkasten
review	(Theater-)Kritik
biography/autobiography	Biographie/Autobiographie
manual/instructions	Anweisungen/Gebrauchsanweisung
statistical material: tables/diagrams	Statistiken: Tabellen/Diagramme

1.2 Methodisches Vorgehen

Die Methoden, die Sie grundsätzlich zum Lesen verwenden sollten, können unter dem Überbegriff „Aktives Lesen“ zusammengefasst werden. Die Bezeichnung „Aktives Lesen“ drückt aus, dass Sie schon beim Lesen selbst zum **tätigen Bearbeiter des Textes** werden. Je nachdem, welche Form des Lesens von Ihnen durch die Aufgabe verlangt wird, und je nachdem, welche Art von Text Sie vor sich haben, streichen Sie beim Lesen bereits Wichtiges an **(„highlighting“)** und notieren entsprechende Bemerkungen.

- Hierdurch stellen Sie zunächst sicher, dass Sie den Text, zumindest in seinen **Grundzügen**, verstanden haben (bei literarischen Texten beachten Sie Handlungsabläufe und Charaktereigenschaften; bei Sachtexten die W-Fragen).
- Gleichzeitig nehmen Sie eine **erste Ausdeutung** des Textes vor, indem Sie Zusammenhänge (z. B. durch Pfeile) herstellen.
- Schließlich **evaluieren** Sie bereits beim Lesen den Text und notieren wichtige Gefühle und Erkenntnisse.

Sicher stolpern Sie beim Lesen von englischen Texten auch über die ein oder andere unbekannte Vokabel. Neben der Wörterbucharbeit ist hier auch die Erschließung neuer Wörter von zentraler Wichtigkeit:

TIPP

So können Sie Textstellen mit unbekannten Vokabeln erschließen

- Gibt es Ableitungen aus dem Lateinischen?
- Kennen Sie ähnliche Wörter im Deutschen oder in anderen Fremdsprachen (z. B. dem Französischen)?
- Kennen Sie Wörter derselben Wortfamilie?
- Können Sie schon an der Endung erkennen, um welche Wortart es sich handelt?

Zudem sollten Sie immer im Hinterkopf behalten, dass es für das Gesamtverstehen nicht entscheidend ist, jedes einzelne Wort eines Textes zu kennen. Auch wenn Sie als Leser nur bestimmte Teile des Textes zur Verfügung haben, können Sie sich aus Ihrem Vorwissen ein Gesamtverstehen erarbeiten (ein sogenannter **Top-Down-Leseprozess**). Dieses **„intelligent guessing“** können Sie ganz leicht ausprobieren: Kopieren Sie einen Text und zerschneiden ihn dann, oder legen Sie eine Folie mit grauen Flecken auf einen Text und kopieren dann Folie und Text zusammen. Versuchen Sie nun, die dadurch im Text entstandenen „grauen Flecken“ mit Hilfe des Kontexts wieder sinnvoll zu rekonstruieren. Einen Vordruck für eine solche Folie finden Sie auf der folgenden Seite.

Folienvorlage für Top-Down-Leseübung

Material

„Standard reading“

Zur Verfeinerung des „Aktiven Lesens“, empfehlen wir Ihnen unsere bewährte Standardmethode, die wir im Folgenden als *Standard reading* bezeichnen.

TIPP

Markierungsschema für das *Standard Reading:*

- Unterstreichen Sie die Vokabeln, die unbekannt sind, aber die Ihnen für das Textverständnis entscheidend erscheinen (wenn Sie mit dem Wörterbuch arbeiten, dann schreiben Sie das deutsche Wort am besten direkt darüber).
- Fassen Sie die Sinnabschnitte in Form von Stichworten *(keywords)* zusammen und schreiben Sie diese in rechteckige Boxen wahlweise rechts oder links neben den Text.
- Markieren Sie sprachliche und inhaltliche Besonderheiten durch Einkreisen und kommentieren Sie diese am rechten Rand.
- Stellen Sie Verweise auf persönliche Empfindungen sowie allgemeine Zusammenhänge mit Pfeilen dar.

Beispiel Markierungsschema *Standard reading*

Chapter 1

My father's family name being Pirrip, and my Christian name Philip, my infant (kindlich) tongue could make of both names nothing longer or more explicit than Pip. So, I called myself Pip, and came to be called Pip.

exposition

First person narrator

name

strange nickname

I give Pirrip as my father's family name, on the authority of his tombstone and my sister – Mrs. Joe Gargery, who married the blacksmith (Schmied).

As I never saw my father or my mother, and never saw any likeness of either of them (for their days were long before the days of photographs), my first fancies regarding what they were like, were unreasonably derived from their tombstones.

family situation: orphan

symbol

The shape of the letters on my father's, gave me an odd idea that he was a square, stout, dark man, with curly black hair. From the character and turn of the inscription, "Also Georgiana Wife of the Above," I drew a childish conclusion that my mother was freckled (Sommersprossen) and sickly.

Contradiction: lack of knowledge vs. exact description

Charles Dickens: Great Expectations, p. 1

Vokabelliste zur Versprachlichung des Leseprozesses „Standard Reading“ im Unterrichtsgespräch

Wenn Sie einen Text im Unterricht besprechen, den Sie nach der Methode des *Standard Reading* gelesen haben, hilft Ihnen die folgende Vokabelliste mit den wichtigsten Ausdrücken weiter.

Material

Englisch	Deutsch
The first major plot element …	Das erste zentrale Handlungselement …
The given excerpt consists of three distinct parts.	Der Textausschnitt besteht aus drei klar abgrenzbaren Teilen.
We are dealing with the beginning/the main part/the ending …	Wir behandeln den Anfang/den Hauptteil/das Ende …
The first paragraph serves to …	Der erste Absatz hat die Funktion, dass …
The second passage gives a description of …/an explanation of …	Der zweite Sinnabschnitt gibt eine Beschreibung/Erläuterung von …
The first lines serves as an exposition/introduction.	Der Abschnitt dient als Exposition.
The text says that …/It is written on page x that …	Im Text heißt es, dass …
The narrator reveals that …	Der Erzähler teilt uns mit, dass …
You can prove that from line x./Line x indicates that …	Man kann das/… in Zeile x sehen.
One of the most important stylistic devices which the author employs is the metaphor.	Der Autor verwendet die Metapher als eines der wichtigsten Stilelemente.
With the comparison in line x the author emphasizes/stresses/underlines that …	Mit dem Vergleich in Zeile x betont der Autor, dass …
The text includes elements which are typical of this epoch.	Der Text weist Elemente auf, die typisch sind für diese Epoche.
The anaphora clarifies that …	Die Anapher verdeutlicht, dass …
The effect is enforced/enhanced by the fact that …	Der Effekt wird dadurch verstärkt, dass …
The parallel sentence structure in line x contributes to the impression that …	Die parallele Satzstruktur in Zeile x verstärkt den Eindruck, dass …
The author creates a tense atmosphere.	Der Autor schafft eine gespannte Atmosphäre.
The storyline and the setting are connected/linked to each other.	Die Handlung und der Handlungsraum sind verknüpft/aufeinander abgestimmt.

What struck me first was that …	Es ist mir als erstes aufgefallen, dass …
The fact that … impressed/fascinated me most.	Die Tatsache, dass …, hat mich am meisten beeindruckt/fasziniert.
It is amazing/astonishing/surprising that …	Es ist verwunderlich/überraschend, dass …
I didn't expect this turn/this incident.	Diese Wendung/dieses Ereignis kam für mich unerwartet.
The most awkward/terrible/emotional/ The saddest/happiest moment for me was when …	Der für mich unangenehmste/schreck-lichste/emotionalste/traurigste/fröh-lichste Moment war, als …
I guess/reckon that …	Ich schätze/tippe, dass …
As far as I know …	Soweit ich weiß …
I feel for the female protagonist/I identify with main female character.	Ich fühle mit der weiblichen Hauptfigur/ Ich identifiziere mich mit der weiblichen Hauptfigur.

Erweiterte Lesekompetenzen

Auf der Basis des *Standard Reading* lernen Sie es leicht, sich den gängigen Leseaufgaben in der Oberstufe anzupassen und sich weitere Arten des „Aktiven Lesens“ anzueignen. Bei der Wahl der geeigneten Lesetechnik müssen Sie natürlich die Aufgabenstellung beachten, sodass Sie sich von vorneherein auf die wichtigen Aspekte konzentrieren können.

- Geht es darum, den Text nur ganz grob zu erfassen (**„Reading for gist“**, Globalverstehen)?

  Beispiel "What is the text about?", "What is the fate of Romeo and Juliet in Shakespeare's famous play?"

  Markieren Sie bei einer solchen Aufgabe den Text eher sparsam, um sich nicht selbst vom Wesentlichen abzulenken.
- Geht es darum, den Text bis ins Detail hinein zu erforschen (**„Reading for detail“**, Detailverstehen)?

  Beispiel "What does Romeo need for his plan to marry Juliet?", "How does Frankenstein take revenge on his maker?"

  Hier müssen Sie das *Standard Reading* intensivieren und sich dabei genau auf das geforderte Detail konzentrieren.

Insbesondere bei literarischen Texten gibt es noch eine weitere Unterscheidung:

- Handelt es sich um „fühlendes Lesen“, d. h. Sie müssen Ihre persönlichen Eindrücke in Worte fassen **(„Emotional Reading“)**?

  Beispiel: “Do you consider the protagonist’s fate a ‘tragic’ one?”, “Does the reader feel compassion for the two lovers in ‘Romeo and Juliet’?”

  Bei solchen Aufgaben sollten Sie das Schema des *Standard Reading* ganz einfach erweitern: Markieren Sie die Stellen, die Emotionen bei Ihnen auslösen, mit unterschiedlich großen Herzen und kennzeichnen Sie die Stellen, an denen Sie sich mit den Charkteren identifizieren, mit einem „ID“.
- Geht es um eine Textanalyse **(„Analytical Reading“)**?

  Beispiel: “How does the author use stylistic devices in order to characterize the protagonist?”, “How does Shakespeare use the stage in order to show the different spheres Macbeth is caught in?”

  Schauen Sie sich hierzu vor allem das Kapitel zum Leseverstehen von literarischen Texten an (S. 15 ff.), da Sie bei dieser Leseform weiteres Hintergrundwissen benötigen.

1.3 Übungen

Aufgabe 1 Bearbeiten Sie folgenden Textauszug nach der Methode des *Standard Reading*.

(Our world) was the marsh country, down by the river, within, as the river wound, twenty miles of the sea. My first most vivid and broad impression of the identity of things seems to me to have been gained on a memorable raw afternoon towards evening. At such a time I found out for certain, that this bleak place overgrown with nettles was the churchyard; and that Philip Pirrip, late of this parish, and also Georgiana wife of the above, were dead and buried; and that Alexander, Bartholomew, Abraham, Tobias, and Roger, infant children of the aforesaid, were also dead and buried; and that the dark flat wilderness beyond the churchyard, intersected with dykes and mounds and gates, with scattered cattle feeding on it, was the marshes; and that the low leaden line beyond, was the river; and that the distant savage lair from which the wind was rushing, was the sea; and that the small bundle of shivers growing afraid of it all and beginning to cry, was Pip.

Dickens, Charles. Great Expectations. p. 1/2

Aufgabe 2 Ordnen Sie bitte zunächst jeder Aufgabe eine bestimmte Lesetechnik zu, indem Sie die Nummer der Aufgabe in dem entsprechenden Bereich vermerken.

Analytical reading:
1.

Emotional reading:

1. Prove that the following text is a good example of an epic drama.
2. Briefly describe what the protagonist experiences in the course of the play.
3. Explain what happens in the first paragraph of the excerpt.
4. What struck you most when reading the fairy tale?
5. Name the three things the female protagonist likes most.
6. Analyse how Shakespeare uses stylistic devices to turn Mark Anthony's mourning about Caesar's death into an effective political speech.
7. Is the novel a "Gothic novel"? Prove your opinion with the help of the given excerpt.
8. State your personal opinion on the cruelty the young protagonist encounters.
9. What is the function of the stylistic devices the lyricist uses in the first two stanzas?
10. Is Shakespeare's *Romeo and Juliet* of personal significance for you? Explain.
11. Sum up the major plot elements.
12. How could the detective prove that the suspect was guilty?
13. Retell the short story in your own words. Do not write more than 150 words.

Reading for gist:

Reading for detail:

1.4 Leseverstehen – Alles auf einen Blick

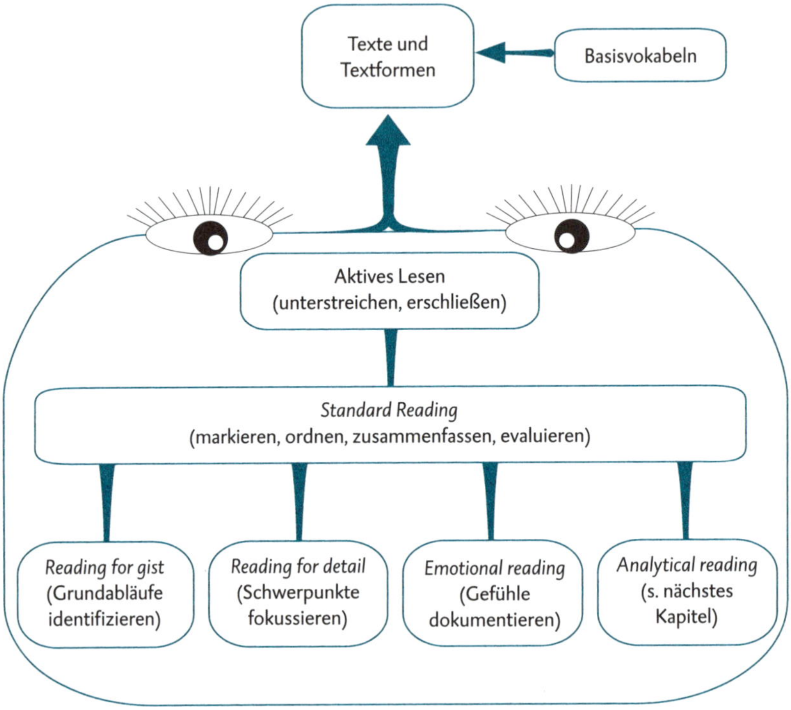

2 Leseverstehen von literarischen Texten (*Reading literary texts*)

2.1 Basiswissen

Um eine gezielte Analyse eines literarischen Textes vornehmen zu können, sollten Sie sich zuerst einen groben Überblick über die wichtigsten literarischen Besonderheiten der verschiedenen Epochen verschaffen.
Historische Übersicht über ausgewählte Epochen und große Werke der englischen und amerikanischen Literatur

Material

Epoche	**dominante Textformen**	**beispielhafte Charakteristika**	**ausgewählte Autoren und Werke**
Elisabethanisches Zeitalter *(Elisabethan Age)* ab 1550	Theaterstücke: Komödien *(comedies)*, Tragödien *(tragedies)*, Historien *(histories)*	• Wortwitze und Showeffekte für gemischtes Publikum • Darstellung des Setting durch Worte („gesprochene Bühne" = *spoken stage*) • enger Kontakt Schauspieler-Publikum	William Shakespeare *(A Midsummer Night's Dream, Much Ado About Nothing; Macbeth, Romeo and Juliet; Richard III, Henry V)*
	Gedichte: v. a. *sonnets*	• feste Form (3 vierzeilige Strophen und zweizeiliger Schluss: Couplet *[couplet]*) • enge Konventionen	*Sonnet XVIII*
Romantik *(Romanticism)* ca. ab 1789	Gedichte erste Romane	• variablere Formen • typisches Thema: Spannungsfeld Natur und Industrialisierung	z. B. John Keats *(Ode to a Grecian Urn)*; William Wordsworth z. B. Mary Shelley *(Frankenstein)*

Zeitalter des Romans *(The Rise of the Novel)* ca. ab 1840	Roman: • Industrieroman *(industrial novel)*	• Themen: düstere Atmosphäre, menschenverachtende Arbeitsbedingungen und ethische Fragen der Industrialisierung	z. B. Charles Dickens *(Great Expectations, Hard Times)*
	• Entdecker- und Kolonialroman *(adventure novel)*	• Themen: Abenteuer und Kolonialismus	z. B. Robert Louis Stevenson *(Treasure Island)*; Daniel Defoe *(Robinson Crusoe)*
	• Frauenromane des 19. Jahrhunderts	• starke Protagonistinnen (Prägung eines modernen Frauenbilds) • erste Aufweichung traditioneller Geschlechterrollen	z. B. Jane Austen *(Emma)*; Charlotte, Emily und Anne Brontë *(Wuthering Heights)*
Moderne und Postmoderne *(Modernism, Post-modernism)* ca. ab 1900	Drama: • (Amerikanischer) Realismus *(realism)*	• möglichst wirklichkeitsnahe Darstellung von Lebenssituationen	z. B. Arthur Miller *(Death of a Salesman)*
	• expressionistisches Theater *(expressionist plays)*	• starke, dominierende Symbolik	Eugene O'Neill *(The Hairy Ape)*
	• episches Theater *(epic theatre)*	• Unterbrechung des Bühnengeschehens durch Einwürfe oder Schilderungen eines Spielleiters oder Erzählers	Thornton Wilder *(Our Town)*
	• absurdes Theater *(theatre of the absurd)*	• Sprache als Kommunikationsmittel unwirksam	Samuel Beckett *(Waiting for Godot)*; Edward Albee *(The American Dream)*

	Moderner Roman: Dichtung:	• realistische Beschreibung des Scheiterns von benachteiligten Gruppen/Individuen an der Gesellschaft • negative Weltdeutung in sog. Dystopien • Überformung traditioneller Regeln	John Steinbeck *(Grapes of Wrath)*; Scott F. Fitzgerald *(The Great Gatsby)* Aldous Huxley *(Brave New World)*; William Golding *(Lord of the Flies)* T. S. Eliot *(Wasteland)*; Robert Frost *(After Apple-Picking)*
Postkolonialismus *(Postcolonialism; Transculturalism)* ab ca. 1970	Romane:	• interkulturelle Themen (Konflikte durch Aufwachsen in einer Minderheitenkultur)	Doris Lessing *(The Golden Notebook)*; Yann Martel *(Life of Pi)*

Notieren Sie sich, wenn Sie im Unterricht ein literarisches Werk besprechen, die wichtigsten Informationen zum literaturgeschichtlichen Hintergrund und die literarischen Besonderheiten der Epoche und Gattung. Diese Aufzeichnungen sollten Sie vor Prüfungen unbedingt noch einmal durchgehen, da eine literarische Analyse ohne ein derartiges Hintergrundwissen meist recht wenig Substanz hat.

2.2 Methodisches Vorgehen

Beim Lesen von literarischen Texten bietet es sich an, folgende Hauptaspekte genauer unter die Lupe zu nehmen: **Handlung, Charaktere** und **Erzählperspektive**. Je nachdem welche Gattung Ihnen vorliegt, werden Sie den Schwerpunkt unterschiedlich setzen müssen. Neben Fragen zu diesen drei Aspekten werden Ihnen in Prüfungen auch Fragen zur **Sprache** begegnen. All diese Kategorien lassen sich nicht scharf voneinander abgrenzen. Sie müssen also je nach Aufgabenstellungen verschiedene Aspekte beleuchten und zueinander in Beziehung setzen können.

Handlung

Strukturieren Sie den Handlungsverlauf *(plot)* nach folgendem Verlaufsschema:

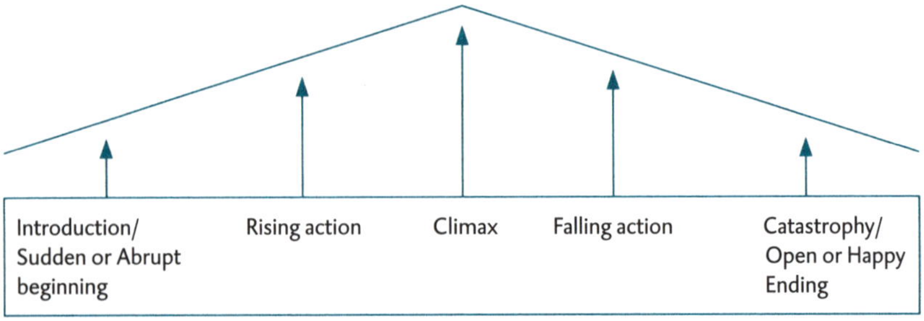

Dieser Spannungsverlauf ist typisch für viele dramatische und narrative Texte. Bei Dramen entspricht es ungefähr dem klassischen Drei- oder Fünfaktschema. Auch bei Kurzgeschichten findet er Anwendung. Hier ist allerdings zu beachten, dass Kurzgeschichten oftmals nur den mittleren Teil des Schemas darstellen. Die Handlung beginnt ohne Einleitung *(in medias res)* oder es liegt ein offenes Ende vor. Sie verwenden das Schema, indem Sie jeder der einzelnen Kategorien ein bestimmtes Stichwort aus der Geschichte zuordnen bzw. selbst eine Überschrift für die jeweiligen Teile finden.

TIPP

So können Sie trainieren, wichtige und unwichtige Handlungselemente zu unterscheiden.

Stellen Sie sich beim Lesen Folgendes vor:

- Was würde passieren, wenn die Charaktere innerhalb der Geschichte genau das Gegenteil von dem tun oder sagen würden, was sie tatsächlich in der Geschichte tun oder sagen? Ändert sich Ihr Gesamteindruck der Geschichte? Ändert sich der weitere Verlauf der Geschichte?
- So erkennen Sie relativ schnell, welche Details für den Handlungsverlauf der Geschichte wirklich wichtig sind.

Charaktere

In einem Text unterscheiden wir normalerweise Haupt- und Nebenfiguren, wobei erstere zumeist als **„round characters“** gestaltet sind (also verschiedene Wesenszüge haben und daher „lebensecht“ wirken), während letztere oft nur als **„flat characters“** erscheinen (d. h. sie sind auf einen Wesenszug oder eine Funktion beschränkt). Zusätzlich unterteilt man in **„dynamic charac-**

ters“ (solche, die in ihrem Wesen weiterentwickelt werden) und **„static characters“** (solche, die unverändert bleiben).
Die Charaktere erschließen sich dem Leser meist durch ihre Handlungen und Äußerungen **(„indirect characterization“)**, aber auch durch die Äußerungen des Erzählers **(„direct characterization“)**. Entscheidend ist oft auch das Beziehungsgeflecht zwischen allen Figuren, die in einem Text auftauchen – empfehlenswert ist hier zur besseren Übersicht (insbesondere bei Romanen oder Dramen), eine Mindmap mit den Charakteren und ihren Verbindungen untereinander anzufertigen.

Erzählperspektive

Eine Geschichte wird entweder aus der Ich-Perspektive erzählt **(„first person narrator“)** oder ein Dritter berichtet über Ereignisse, an denen er nicht selbst beteiligt war **(„third person narrator“)**. Bei beiden Formen wird zwischen dem verlässlichen Erzähler und dem unzuverlässigen **(„reliable** bzw. **unreliable narrator“)** unterschieden – manchmal stellt sich erst am Ende der Geschichte heraus, dass ein Erzähler den Leser aus einem bestimmten Grund in die Irre geführt oder beeinflusst hat.
Wichtig für die Wirkung einer Erzählung ist es natürlich auch, ob der Erzähler die Gedanken und Hintergründe der Charaktere kennt **(„omniscient narrator“)** oder ob er so berichtet, wie es ein Augenzeuge tun würde. Werden nur punktuell die Gedanken von anderen Charakteren wiedergegeben, spricht man von **„reported thought“**. Manchmal verrät der Erzähler dem Leser auch mehr als die Charaktere der Geschichte wissen, dann spricht man von **„narrative irony“**.
Neben der Perspektive und dem Informationsstand des Erzählers ist auch der Erzählstil zu beachten. Ein häufiges Stilmittel von Autoren ist es z. B., den Leser ganz in die Gedankenströme des Erzählers eintauchen zu lassen: Hier spricht man von einer **„stream of consciousness technique“**. Besondere Erzählstile bilden auch der Brief- oder Tagebuchroman.

Sprache

Auch über die wichtigsten Stilmittel sollten Sie einen Überblick haben, wenn Sie Oberstufentexte lesen.

Liste der wichtigsten Stilmittel

Material

Bezeichnung	Erklärung	Beispiel
alliteration (Alliteration)	Zwei oder mehr Wörter beginnen mit dem gleichen Anfangslaut.	*Donald Duck*
anaphora/anaphorical construction (Anapher)	Wiederholung eines Wortes oder einer Wortgruppe zu Beginn eines Satzes oder Verses	*The man is brave and rich; the man must be a hero./ Mad world, mad kings.*
chiasm (Chiasmus)	Die Struktur eines (Teil-Satzes) wird im nächsten umgekehrt.	*The king is dead. Long live the king.*
metaphor (Metapher)	Verkürzter Vergleich	*She is a rose* (statt *She is like a rose*).
parallelism (Parallelismus)	Wiederholung derselben Satzstruktur	*This summer is hot, this love is hotter.*
personification (Personifikation)	Abstrakte Begriffe, Gegenstände oder Tiere werden zu Personen.	*Uncle Sam* (= die USA)
symbol (Symbol)	Ein Gegenstand, eine Handlung steht für etwas anderes. Oft ist die Bedeutung abstrakt.	*He carries his sword* (= es ist Krieg).
simile (Vergleich)	Vollständiges Gegenüberstellen von Begriffen	*He fought like a lion.*
exaggeration/irony (Übertreibung/ Ironie)	Unrealistische und dadurch unglaubwürdige Beschreibung – bei Ironie ist genau das Gegenteil gemeint, was gesagt wird.	*I spent a couple of weeks there one day.*

Folgende Aufgabe könnte Ihnen in der Prüfung begegnen: "Analyse the stylistic devices employed by the author". Beachten Sie dabei, dass Sie sich bei der Erklärung der Funktion der Stilmittel nicht auf allgemeine Aussagen beschränken sollen. Wichtig ist, dass Sie den Effekt des jeweiligen Stilmittels so präzise wie möglich eingrenzen. Dazu hat sich folgende Ausfülltabelle bewährt:

Stilmittel	Fundstelle	Zitat / Textauszug	Erklärung	Funktion des Stilmittels an dieser Stelle

Wie ein literarischer Text aussehen könnte, der im Hinblick auf Handlung, Charaktere, Erzählperspektive und Sprache gelesen wurde, können Sie am Beispiel der folgenden Kurzgeschichte von Ernest Hemingway erkennen:

At Two o' Clock in the Morning

At two o'clock in the morning two Hungarians got into a cigar store at Fifteenth Street and Grand Avenue. Drevitts and Boyle drove up from the Fifteenth Street police station in a Ford. The Hungarians were backing their wagon out of an alley. Boyle shot one off the seat of the wagon and one out of the wagon box. Drevitts got frightened when he found they were both dead. "Hell Jimmy, he said, you oughtn't to have done it. There's liable to be a hell of a lot of trouble". – "They're crooks, ain't they?" said Boyle. "They're wops, ain't they? Who the hell is going to make any trouble?" – "That's all right maybe this time", said Drevitts, "but how did you know they were wops when you bumped them?" "Wops", said Boyle, "I can tell wops a mile off."

Essential Hemingway, Penguin 1972, p. 318

neutral third person narration

theft

flat characters (only labeled by nationality)

tension builds up

thieves shot dead

conflict with main characters erupts

omniscient narrator, introspection into characters

protagonists discuss killing

parallelism, argument seems to be right

narrative irony (no Italians!)

2.3 Übungen

Aufgabe 3 **Analytical reading:** Lesen Sie folgendes Gedicht von William Shakespeare. Markieren Sie zuerst die Stilmittel, die Ihnen bereits auf den ersten Blick auffallen.

Geben Sie dann die Funktion der Stilmittel im Zusammenhang des Gedichts so präzise wie möglich an. Am besten, Sie verwenden dazu obige Ausfülltabelle.

William Shakespeare: Sonnet XVIII

Shall I compare thee to a summer's day?
Thou art more lovely and more temperate:
Rough winds do shake the darling buds of May,
And summer's lease hath all too short a date:
Sometime too hot the eye of heaven shines,
And often is his gold complexion dimm'd;
And every fair from fair sometime declines,
By chance or nature's changing course untrimm'd;
But thy eternal summer shall not fade
Nor lose possession of that fair thou owest;
Nor shall Death brag thou wander'st in his shade,
When in eternal lines to time thou growest:
So long as men can breathe or eyes can see,
So long lives this and this gives life to thee.

Aufgabe 4 **Reading for gist:** Lesen Sie zunächst folgende Kurzgeschichte und erfassen Sie die Grundhandlung, indem Sie das unten vorgegebene Verlaufsdiagramm ausfüllen.

Martin Forbes: Delilah's Cat

They were all away for the day. Indeed it is better to spend such a scorcher in the sun – out on the Keys and catching either tan or tuna. Some stay white though. Absolutely successless. I really, really hate those pale girls, that is if a real man can hate girls at all. That was the prime reason why I preferred Harry's Bar in early spring. Tick smiled: "Hi, Sam, what about that old Bond thing again?", he asked as I entered the empty room. Sometimes I used to order a dry Martini – shaken not stirred. It was kind of a show for Tick and me: getting him a good tip and getting me all the attention I needed. Unfortunately it had grown to be a bit of an old chestnut chat-up routine and we had not done it for years. Not since Sean Connery gave up his one and only job and vacated it forever. Yet as nobody seemed to be listening I ordered the "Bond thing" one more time. Just to do Tick a favour, who was a real friend to me. "My pretending bartender" I used to call him. A helping hand. My order echoed in the glass while my memory went plunging back into the old days. Waves of smashing success. My thoughts went back to Eve whom I had picked up some years ago.

Nostalgia could not rule for a long time. Suddenly I heard the sound of a glass shattering from behind and involuntarily gripped my Martini more firmly. I caught a glimpse of a lady sitting in the darker lower level, which could hardly be seen by those in front of the bar. She was looking sadly at her drink which she had spilled on the floor. By its red shine I knew it was Tick's favourite: Heart 4/5. As the waiter looked at her she smiled shyly as if to say: "Sorry, I'm too drunk to be responsible". Tick answered her looks and turned to me for one of his usual and well-paid revelations. He did it swiftly – not more than a whisper: "Listen, son. She's a poor girl. Desperate. Just here because there is something wrong with her cat. Yeah, something must have happened. Ya wanna have her, son? Then get her another Heart. But take care. Ya know she is not one of those girls you can easily take home with you. Huhu, I'm positive you stand a chance today. And son: remember she's special so don't hurt her". Tick said all this within a second and without changing his facial expression. No other guest would have understood him but it was still perfectly understandable to a friend. I walked my Martini over to her. Delilah was a good girl. She was exactly my type, in fact, and I really got into talking to her. Actually it was pretty easy. Easy to convince her of the fact that nobody – none of those dark unknown creatures this city houses – had killed her pussy. It was probably just straying. Slowly I tried to fix her thoughts on me and after a while she seemed to be taken in by my charming wit. Top performance of male intelligence. At that stage I was absolutely sure that in spite of all her innocence she would not reject me, if I put some more effort into the whole thing: smooth operating and one more Heart. My cheeks went red with excitement when I finally said: "What about having a look for your cat at your place?" To my great pleasure she accepted without even thinking about it.

As she went up to her bar again I had some extra bucks ready for Tick but he had left me in the meantime.

Talking feverishly, I did not notice all this – otherwise I would have tried to avoid meeting the other barman. Knowing so well that he was rather indiscreet, I feared that he could again drop some kind of comment about me being a womanizer, which would obviously turn Delilah off. I was surprised as he just greeted me relatively respectfully. Then after a while his voice knifed me from behind. It took him just one second en passant: "Hey Delilah", he shouted, "shall I take care of your cat again?" Apparently I turned a bit pale as we went out of the bar.

EBU, 2-2009, p. 16–18

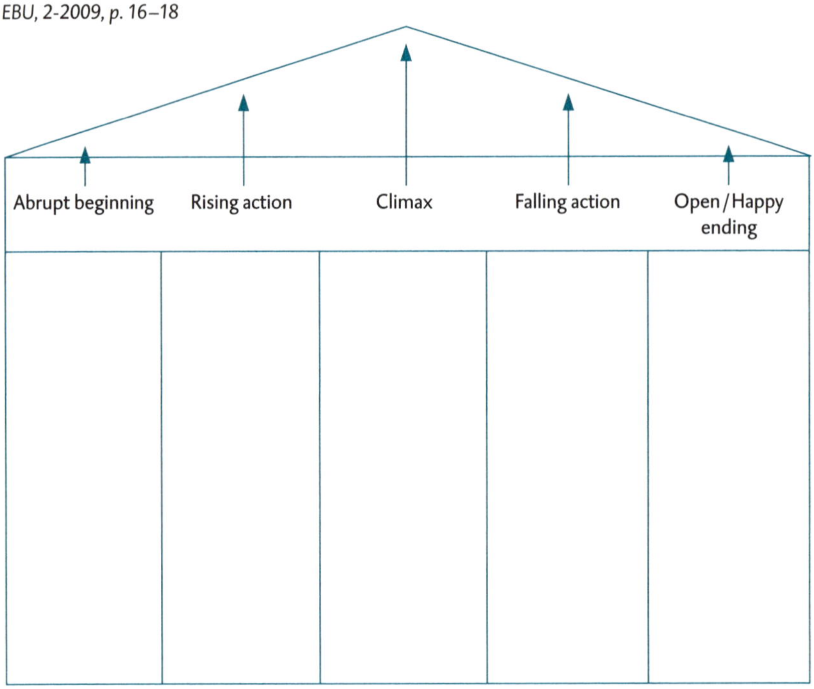

Aufgabe 5 **Characters in Martin Forbes „Delilah's Cat":** Lesen Sie nun die Kurzgeschichte von Martin Forbes erneut, aber diesmal mit folgendem gezielten Leseschwerpunkt: "Both characters of the story show a strong contrast between seeming and being. Assess the character traits of Delilah and Sam in regard to this statement."

Wenn Sie die Geschichte mit dem Blick auf die richtigen Details gelesen haben, sollte es nun kein Problem für Sie sein, folgende Tabelle zu vervollständigen.

	Sam	Delilah
seeming	___	___
	___	___
	___	___
	___	___
	___	___
being	___	___
	___	___
	___	___
	___	___
	___	___

Aufgabe 6 **Emotional reading:** Lesen Sie die Kurzgeschichte noch einmal mit erweitertem Leseschema und versuchen Sie danach, die folgenden Satzanfänge sinnvoll zu vervollständigen:

Emotion

I consider it a very emotional moment when ___

It impressed me very much that ___

It creates a strong feeling of sadness (joy/happiness) ___

It's outrageous that ___

Identification

I could feel for the main character ___

I could easily identify with ___

It reminds me of … that … ___

I had a similar experience when … ___

Aufgabe 7 **Reading for detail:** Jede der folgenden Fragen bezieht sich auf einen der unten abgedruckten literarischen Textabschnitte zum Thema „Zeit“.
Ordnen Sie zuerst Fragen und die originalen Textteile so einander zu, dass keine Frage übrig bleibt. Markieren Sie danach die Sätze in den Texten, die Ihnen zur Beantwortung der jeweiligen Frage wichtig erscheinen.

1. In which way does the **record of time** help human beings?
2. Why is the **contrast between night and day** important for the text?
3. Why are **age differences** an important aspect of the text?
4. In what **season** is the text set and why?
5. Which role does the **elapse of time** play in the text?

Charles Dickens "Great Expectations" – Excerpt from Chapter 1

[…]
'Hold your nose!' cried a terrible voice, as a man started up from among the graves at the side of the church porch. 'Keep still, you little devil, or I'll cut your throat!'
A fearful man, all in coarse grey, with a great iron on his leg. A man with no hat, and with broken shoes, and with an old rag tied round his head. A man who had been soaked in water, and smothered in mud, and lamed by stones, and cut by flints, and stung by nettles, and torn by briars; who limped, and shivered, and glared and growled; and whose teeth chattered in his head as he seized me by the chin.

Charles Dickens: Great Expectations, p. 2

Edwina Dakin: "My Baby's Bracelet" – Excerpt from the 1st Scene

BABY. *(sings)* In the darkest night, no one goes, no one knows.

HUTSON. *(Hutson comes up to the porch and takes a seat)* Bright day for business, my darling. The weather is beautiful. I told them farmhands off already. Talkin' and idling the day away. Nelson is so damn' lazy … How on earth will we get some money out of this rotten place? All this racial equality shit – but who pays the bills? It's me, not Nelson … *(then imitating a preacher)* … we shall overcome.

BABY. Mr. Nelson is a fine guy.

Digital Edutainment, 2008

Martin Forbes: "Delilah's Cat" – The first paragraph of the short story

They were all away for the day. Indeed it is better to spend such a scorcher in the sun – out on the Keys and catching either tan or tuna. Some stay white though. Absolutely successless. I really, really hate those pale girls, that is if a real man can hate girls at all. That was the prime reason why I preferred Harry's Bar in early spring. Tick smiled: "Hi, Sam, what about that old Bond thing again?", he asked as I entered the empty room. [...]

EBU, 2-2009, p. 16–18

William Shakespeare: Sonnet XVIII (first 10 lines)

Shall I compare thee to a summer's day?
Thou art more lovely and more temperate:
Rough winds do shake the darling buds of May,
And summer's lease hath all too short a date:
Sometime too hot the eye of heaven shines,
And often is his gold complexion dimm'd;
And every fair from fair sometime declines,
By chance or nature's changing course untrimm'd;
But thy eternal summer shall not fade
Nor lose possession of that fair thou owest;
[...]

Daniel Defoe: "Robinson Crusoe" – An excerpt from chapter IV – First weeks on the island

[...]

After I had been there about ten or twelve days, it came into my thoughts that I should lose my reckoning of time for want of books, and pen and ink, and should even forget the Sabbath days; but to prevent this, I cut with my knife upon a large post, in capital letters – and making it into a great cross, I set it up on the shore where I first landed – "I came on shore here on the 30th September 1659."

Upon the sides of this square post I cut every day a notch with my knife, and every seventh notch was as long again as the rest, and every first day of the month as long again as that long one; and thus I kept my calendar, or weekly, monthly, and yearly reckoning of time.

2.4 Leseverstehen von literarischen Texten – Alles auf einen Blick

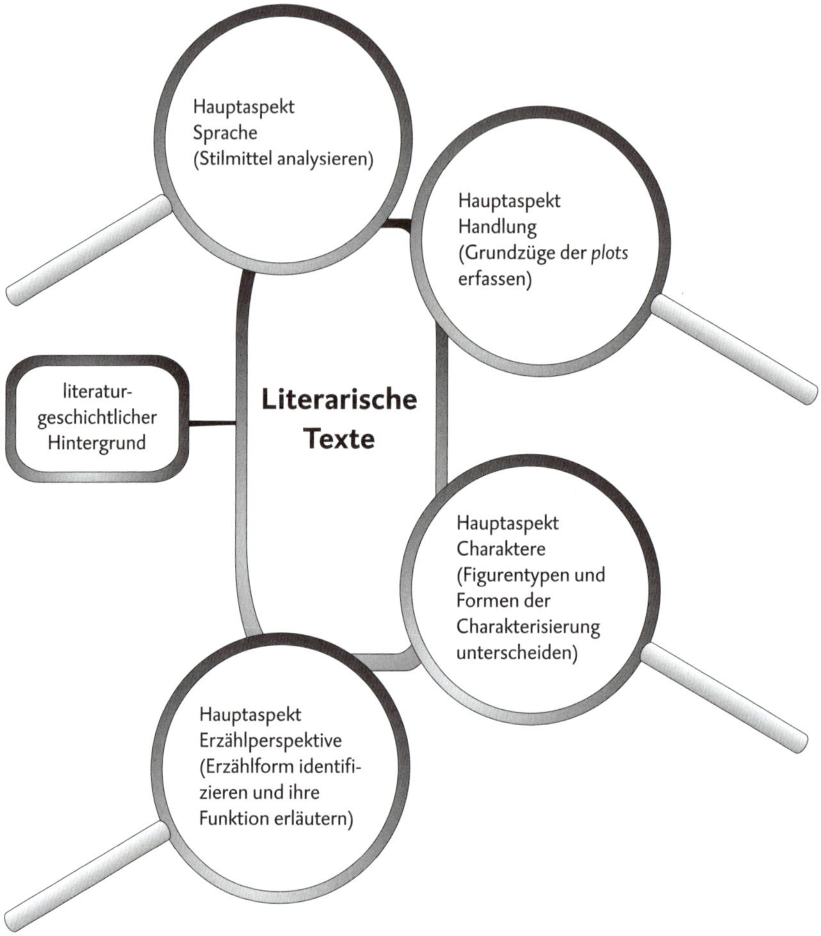

3 Leseverstehen von Sach- und Gebrauchstexten *(Reading non-fictional texts)*

3.1 Basiswissen

Sach- und Gebrauchstexte liefern handfeste Informationen und einen konkreten Nutzen für den Leser. In diesen Bereich fallen verschiedene Arten von Artikeln – vom Bericht *(report)* über den Kommentar *(comment)*, die News Story und den Hintergrundbericht *(background feature)* bis zu Fachaufsätzen, Interviews sowie Film- bzw. Theaterkritiken. Wichtig bei Zeitungsartikeln ist es, bereits zu Beginn zu erkennen, ob es sich um eine seriöse *(quality press)* oder eine eher unseriöse *(yellow press)* Berichterstattung handelt.
Seriöse Angebote aus dem englischsprachigen Raum sind

- *The Times, The Sunday Times* (www.the-times.co.uk)
- *The Guardian* (http://www.guardian.co.uk)
- *The Observer* (http://observer.guardian.co.uk)
- *The Independent* (http://www.independent.co.uk)
- *Telegraph* (http://www.telegraph.co.uk)
- *The New York Times* (http://www.nytimes.com)
- *New York Post* (http://www.nypost.com)
- *Los Angeles Times* (http://www.latimes.com)
- *Washington Post* (http://www.washingtonpost.com)
- *USA Today* (http://www.usatoday.com)

Typische Beispiele für Erzeugnisse der *Yellow Press* sind dagegen

- *The Sun* (http://www.thesun.co.uk/)
- *Mirror* (www.mirror.co.uk)
- *Daily Mail* (www.dailymail.co.uk)

TIPP

So können Sie Zeitungen gezielt für die Abiturvorbereitung nutzen

- Beobachten Sie, insbesondere im Vorfeld von Prüfungen, für einen Zeitraum von etwa zwei Wochen die aktuelle Presse Englands bzw. Amerikas.
- Definieren Sie eine der angegebenen Adressen als Ihre persönliche Startseite. So sind Sie stets auf dem neuesten Nachrichtenstand.
- Auf den Homepages der Zeitungen finden Sie aktuelle und kostenlose Sach- und Gebrauchstexte zum Üben.

3.2 Methodisches Vorgehen

Aus welchen Bestandteilen besteht ein Zeitungstext?

Beim Lesen eines Zeitungsartikels müssen Sie erkennen, ob und wie der Autor die Meinung seiner Leser beeinflusst. Die Arbeit eines Journalisten ähnelt in gewisser **Weise** der Arbeit eines Kosmetikers: Die goldene Kosmetikregel, dass man ein gutes Make-up nicht sieht, gilt hierbei auch für Sach- und Gebrauchstexte. Deshalb sind Wahrheit und Manipulation auch bei Zeitungsartikeln oft nur schwer auseinanderzuhalten.
Zeitungsartikel sind vielschichtig aufgebaut und können in folgende Einzelteile zerlegt werden:

Berichtende Elemente („reporting elements")

- kurzer und präziser Sprachstil
- Einbringen von vielen Daten und Fakten (Zahlenmaterial, wörtliche Zitate aus verlässlichen Quellen)

Erzählende Elemente („narrative elements")

- relativ ausführliche Beschreibung von Handlung und Hintergrund
- strukturierende Textelemente wie „zunächst" *(first)*, „dann" *(then)*, „danach" *(later)* oder „schließlich" *(finally)*
- Schilderung der Gefühlslage der beteiligten Personen und/oder eher überflüssiger Details

Bewertende Textelemente („evaluating elements")

- offensichtliche Meinungsäußerung nur in Kommentaren und dem Leitartikel
- „wertschätzende Adjektive" *(evaluating adjectives)*
- „selektive Information" *(selective information)*, d. h. gezielte Auswahl der dargestellten Daten, Fakten und Zitate

TIPP

Es gibt für Sach- und Gebrauchstexte die Faustregel, die besagt, dass Sie **nach spätestens 20 % der Abhandlung** das Wichtigste erfahren haben müssten. Aus diesem Grund sollten Sie insbesondere beim Lesen eines wissenschaftlichen Textes neueren Datums dringend mehrfach die Anfangspassage lesen, bevor Sie den Artikel im Ganzen durchgehen. Dann werden Sie die restlichen 80 % des Textes wesentlich leichter einordnen und verstehen können.

Bei der Beschreibung der formalen Elemente einer Zeitung hilft Ihnen die folgende Vokabelliste:

Vokabelliste Zeitungen

Material

Englisch	Deutsch
daily newspaper/daily	Tageszeitung
weekly paper, *(weekly) journal*	Wochenzeitung
monthly	Monatszeitschrift
quarterly/periodical	Vierteljährlich erscheinende Zeitschrift (oft auch „Fachzeitschrift")
popular newspaper/tabloid	Boulevardzeitung
popular/gutter/yellow press	Boulevardpresse
mass-circulation	Massenauflage
quality paper/broadsheet	seriöse Zeitung
publisher	Zeitungsverleger
editor (in chief), chief editor, editor in charge	Chefredakteur
critic/reviewer/pundit	Kritiker/Rezensent/Fachmann
journalist/reporter/correspondent	Journalist
(graphic) designer	Layouter
feature writer/feuilletonist	Feuilletonist
cartoonist/caricaturist	Karikaturist
(to) subscribe to	abonnieren
subscribers/audience/(circle of) readers	Leserkreis
newsagent (BE)/news dealer (AE)	Zeitungshändler
newsboy/paper boy/newspaper deliverer	Zeitungsausträger
layout	graphischer Aufbau
headline/header/heading/title	Schlagzeile/Überschrift
subheading/subhead/subtitle	Untertitel
caption/legend	Bildunterschrift
body	Haupttext
columns	Spalten
news item	Nachricht

report on/cover an issue	über etwas berichten
comment/commentary/opinion column	Kommentar
leading article/leader	Leitartikel
letter (to the editor)	Leserbrief
(book/film) review	Film- oder Buchbesprechung
(to) advertise sth./place an ad(vertisement) in a newspaper	annoncieren
crossword (puzzle)	Kreuzworträtsel
caricature/cartoon	Karikatur
current affairs/hot news/breaking news	aktuelle Ereignisse
international coverage	internationale Berichterstattung
national/home/domestic news	nationale Nachrichten
regional/local topics	regional/lokale Themen
liberal/open-minded	liberal
middle of the road (coll.)	politisch gemäßigt
striking features	auffallende Merkmale
eye-catcher/catchword	fesselnder Begriff
sensational/splashy (coll.)	sensationell/groß aufgemacht
(to) entice/lure/attract s.o.	(jdn.) anlocken
freedom of (the) press	Pressefreiheit
code of ethics/moral code/mores (pl.)	Sittenkodex
privacy/private sphere	Privatsphäre
edition/issue/number	Zeitungsausgabe
circulation/edition/print run	Zeitungsauflage
boldface/in bold (letters/type/print)	fett gedruckt
in italics	kursiv gedruckt
in black and white	schwarz-weiß gedruckt
in red/blue/coloured print	roter/blauer/farbiger Druck
in block capitals/uppercase	in Groß-/Blockbuchstaben

TIPP

Was müssen Sie bei der Auswahl und Verwendung von Internetseiten beachten?

- Überprüfen Sie immer die sprachliche und inhaltliche Verlässlichkeit der verwendeten Quellen (insbesondere bei der Verwendung von Wikis und Blogs). Seiten von Universitäten sind normalerweise gute Quellen.
- Kopieren Sie Information nie, sondern formulieren Sie mit eigenen Worten.
- Kopieren Sie besonders wichtige Quellen als html-Datei auf Ihren Rechner, weil Internetseiten jederzeit aus dem Netz verschwinden können.
- Notieren Sie, wann und wo Sie die Information aus dem Netz entnommen haben.

Wie arbeiten Sie mit einer Tabelle?

Bei der Arbeit mit Tabellen und statistischem Material kommt es vor allem auf die Reduktion von umfangreichem Datenmaterial an.
Folgende Schritte helfen Ihnen dabei:

- **Themenklärung**
  - Erfassen Sie das Thema (achten Sie auf den Titel!) und den Herausgeber des Materials ganz genau. Ihre zentrale Überlegung sollte in dieser Phase stets sein: Warum wurde thematisch gerade dieses Material für die Ihnen vorgelegten Fragestellung ausgewählt?
- **Maßzahlen**
  - Unterscheiden Sie absolute Zahlen (eine genaue Anzahl, z. B. 250 000 Schüler) und relative Zahlen (Anteile, z. B. 15 %).
  - Absolute Zahlen können auch in Tausend oder Hunderttausend angegeben sein.
  - Achten Sie auf die unterschiedliche Bedeutung von Punkt und Komma im Englischen und im Deutschen (3,5 im Deutschen entsprechen 3.5 im Englischen); 600.000 im Deutschen wird im Englischen als 600,000 geschrieben (das Komma ist nur eine optische Hilfe).
- **Dimension**
  - Tabellen können eine zeitliche, räumliche oder soziale Dimension haben.
  - Bei einem zeitlichen Vergleich prüfen Sie, ob die Zeitspannen zwischen den einzelnen Erhebungspunkten der Daten identisch sind (es ist z. B. nicht verwunderlich, wenn sich die Einwohnerzahl Londons in 20 Jahren stärker verändert als in 10 Jahren).
  - Bei Raumeinheiten sollten Sie stets die räumlichen Bezüge genau durchdenken (Beispiel: Es ist nicht sehr erstaunlich, wenn ein großes Land wie die USA mehr Weizen produziert als ein kleines wie Großbritannien).
  - Bei Daten zu sozialen Gruppen müssen Sie in der gleichen Weise die Größen der Gruppen im Auge behalten.

- **Kernaussagen und ihr Beleg**
  - Formulieren Sie die Kernaussagen der Tabelle.
  - Suchen Sie zu jeder Kernaussage einen einschlägigen Zahlenbeleg heraus (z. B. indem Sie ausgewählte Minima, Maxima nennen).
- **Begründung**
  - Stellen Sie abschließend Vermutungen über die Gründe der festgestellten Verteilungen bzw. Entwicklungen an.

In der Übersicht sieht das so aus:

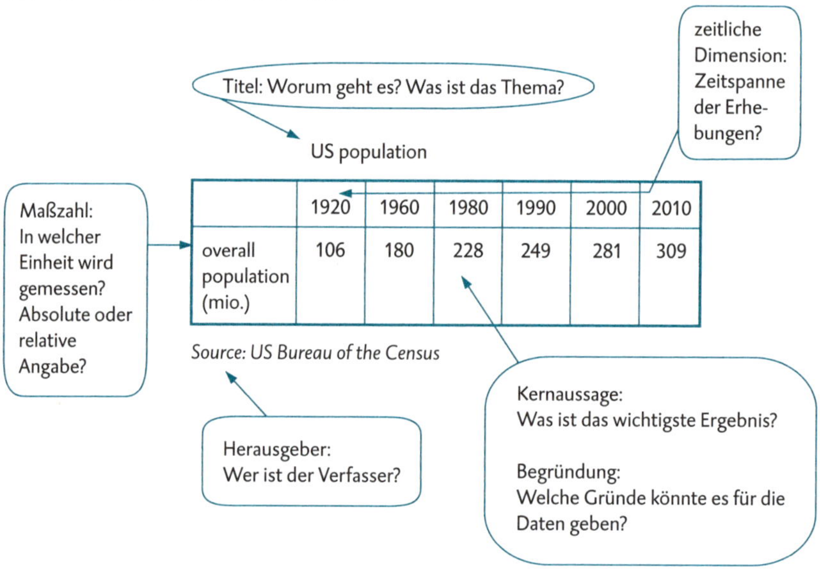

	1920	1960	1980	1990	2000	2010
overall population (mio.)	106	180	228	249	281	309

Hilfreiche Links für Statistikmaterial

Statistiken (Tabellen und Diagramme)

UK national statistics (http://www.statistics.gov.uk/default.asp)
EU statistics (http://www.eustatistics.gov.uk/)
US census (http://www.census.gov/)
UN Statistics Devision (http://unstats.un.org/unsd)
UNESCO Institute for Statistics (http://www.uis.unesco.org)

Material

Grundlegende Sprachmittel zur Tabellenauswertung

Englisch	Deutsch
Themen- und Aufbauklärung	
table/spreadsheet	Tabelle, Datenblatt
diagram/line graph	Kurvendiagramm
block/bar chart	Säulendiagramm
pie/circular chart	Kreisdiagramm
topic/issue/subject	Thema
to present/outline sth. statistically	statistisch darstellen
editor/publisher	Herausgeber/in
from reliable (unreliable) sources	aus zuverlässigen (unzuverlässlichen) Quellen
data collection, survey	statistische Datenerhebung
census from XY	Volkszählung/-befragung aus dem Jahre XY
opinion poll/inquiry	Meinungsumfrage
to take a sample/to sample	eine Stichprobe nehmen
questionnaire/survey sheet	Fragebogen
Zur Maßzahl	
measure/measured value	Maßzahl
dimension/unit	Maßeinheit, Einheit
classification/categorization	Klassifizierung, Einordnung
lines and columns	Zeilen und Spalten
X and Y axis/horizontal and vertical axis	X und Y Achse
Zur Dimension	
dimension	Dimension
the table shows a social layering	die Tabelle zeigt eine soziale Differenzierung
the data has a geographical dimension	die Daten haben eine räumliche Dimension
between the Millennium and now/in the period of time between 2000 and today	in der Zeitspanne von 2000 bis jetzt

Zu den Kernaussagen und ihrem Beleg	
basic message	Kern der Aussage
the most striking figure/the core element	die wichtigste Zahl
this gives evidence of/it is a proof that …	dies (diese Zahl) belegt
(to) peak/climax in/culminate in	einen Höchststand erreichen
increase/rise	steigen
(to) surge to/jump to	rapide ansteigen
doubling/(re)duplication	Verdoppelung
triplication/trebling/tripling	Verdreifachung
there is a lull in the development/the figures slacken	stagnieren
(to) go through a(n economic) depression/(to) reach a low point/to be at a minimum	ein (wirtschaftliches) Tief durchmachen
fall/go down/decrease/decline	fallen
(to) plummet to/drop to	rapide sinken auf
(to) halve	halbieren
(to) equal sth./match sth.	gleichkommen/(den gleichen Stand) erreichen
share/percentage	Anteil/Prozentsatz
Zur Begründung	
this is due to the fact that …	dies liegt darin begründet, dass …
due to, on the basis of	aufgrund von
by means of/on the basis of/in the light of	anhand von/mittels
with regard to/concerning/regarding/as to/ as regards	hinsichtlich/im Hinblick auf
acting on the assumption that/(to) base a decision on sth.	von etwas ausgehen
against the backdrop of …	vor dem Hintergrund, dass …
a wild guess/mere speculation	eine vage Vermutung
(to) hazard a guess/speculate (on)	(es wagen,) eine Vermutung anzustellen (über)

Wie lese ich ein Bild oder einen Cartoon?

Bei einem **Bild** geht es zunächst um eine Themenklärung und dann um eine Erfassung der Hauptbestandteile und deren Lage zueinander. Dazu sind folgende Ausdrücke nützlich:

Beispiel

Insbesondere bei künstlerischen **Photographien** macht es oft Sinn, auf die vorherrschenden Farben zu achten, bei deren Beschreibung Sie u. U. auch Nuancen wie dunkle oder helle Töne (z. B. *dark* oder *light red*) unterscheiden sollten. Kontraste sind entweder stark *(strong)* oder schwach *(weak)*, ein Bildteil kann scharf *(well focussed)* oder unscharf *(out of focus)* sein.
Abschließend sollten Sie die Photographie im Hinblick auf Ihre eigenen Empfindungen und auf den Kontext betrachten, dem sie entstammt.

Beispiel

Beim Anschauen dieses Bildes könnten Sie sich also folgende Stichpunkte gemacht haben:

- **topic:** picture shows street life in New York
- **in the foreground on the left:** a homeless person is sleeping on the sidewalk in front of a shop
- **in the foreground on the right:** a small statue of liberty advertises both, the shop and the city
- **in the background:** the shop window presents various goods and an American flag
- **colours:** are rather greyish except for the flag
- **message:** there's a strong contrast between the national symbol of welcoming (new immigrants who are promised a better life) and the hard life of many Americans. The idea of the American Dream collides with the existing poverty of large groups of people. The national pride which is visible in the flag seems to be senseless.

Bei einem Cartoon wird der witzige Effekt häufig durch eine Überzeichnung hervorgerufen **(„exaggeration")**. Typische Charakteristika – z. B. von Politikern oder Volksgruppen – werden hervorgehoben und der Lächerlichkeit preisgegeben („to make a mockery of sth.", „to hold sth. up to ridicule"). Wichtig ist hier insbesondere auch das Zusammenspiel zwischen Bild und Text.

Beispiel

- **topic:** destruction of the natural environment, extinction of humans
- **in the centre:** an old chain-saw which is held by the hand of a skeleton, both covered by sediments
- **on the right:** a sign welcoming visitors to the tropical rainforest
- **colours:** mostly grey and weathered, the chain-saw in rusty red
- **message:** the scene shows the contrast between the devastation of our habitat and the idea that the earth (especially the rainforest) is a place worth visiting. the irony of the inscription is supported by the flying saucer
- **picture/text:** size of the saw is exaggerated, the bone hand is small, technology seems to be superior to man; shows that the stupidity of mankind (also represented by the sign) outlives human beings; mockery is further enhanced by the comment of the aliens

Wie analysiere ich eine Werbeanzeige?

Bei einer Anzeige tauchen üblicherweise ein Werbespruch *(slogan)*, Informationstexte *(product information)* und Erkennungssymbole der anbietenden Firmen *(icon, logo)* auf.

Bei der Analyse der einzelnen Elemente gehen Sie am besten nach der goldenen Regel vor, die die vier Grundbausteine der Werbegestaltung beinhaltet:

A – Attraction
I – Interest
D – Desire
A – Action

- **Attraction**
  - Gibt es einen „Blickfang“ *(eye catcher)* oder eine „Provokation“ *(teaser, provocation)?*
  - Wie genau wirkt er/sie?
  - Besteht er aus Sprach- oder aus Bildmaterial *(language-based; visual)?*
- **Interest**
  - Welcher Teil der Anzeige sorgt für ein tieferes Interesse *(deeper interest)?*
  - Gibt es Daten oder Fakten *(further information; facts and figures)?*
- **Desire**
  - Wie werden Daten und Fakten mit einem persönlichen Verlangen (z. B. einem Kauf- oder Spendenwunsch: affection) verknüpft?
  - Worin liegt das Kernargument für das beworbene Produkt *(unique selling point)*, das es attraktiver erscheinen lässt als das der Konkurrenz?
- **Action**
  - Wo wird der Kontakt zu Verkaufsstellen hergestellt *(contact)?* Gibt es Hotlines?
  - Soll die Anzeige nur einen „Wiedererkennungseffekt“ *(memory effect)* auslösen; geht es mehr um das Markenimage als um eine direkte Vermarktung?

So könnten also Ihre Stichpunkte zu folgender Anzeige aussehen

Beispiel

- **topic:** advertisement for BMW convertible
- **in the centre:** an open convertible from a high angle
- **around it:** nothing else
- **colours:** strong contrast between colourful convertible (light bluish) and black surroundings
- **A:** language-based provocation that creates a positive image of customer ("those who have nothing to hide") and shows extreme driving habits; additional ambiguity is added because the car is something you do not need "to hide" either
- **I:** the interest is created by the doubts of the reader if extreme Mini drivers actually drive open (all or) at least most of the time
- **D:** the reader wants to belong to the group of cool mini drivers with their positive attitude
- **A:** it is an image campaign, the brand will be recognized anyway and the retail sellers are known to potential customers

3.3 Übungen

Aufgabe 8 **Erkennen von „text type elements“:** Folgender Artikel wurde in Abschnitte zerlegt. Jedes Einzelteil kann einem bestimmten Element zugeordnet werden. Kreuzen Sie die richtige Elementkategorie an.

1 On India's tea plantations, women do most of the work. They pluck roving through uneven terrain, toss leaves into a woven basket on their back and carry them to the tea processing factory.

- ☐ evaluating element
- ☐ narrative element
- ☐ reporting element

2 It is the women's traditional role: a long and hard journey.

- ☐ evaluating element
- ☐ narrative element
- ☐ reporting element

3 On the Makaibari Tea Garden plantation, Fairtrade Certified since 1994,

- ☐ evaluating element
- ☐ narrative element
- ☐ reporting element

4 women workers are getting their voices heard.

- ☐ evaluating element
- ☐ narrative element
- ☐ reporting element

5 Makaibari, which literally means “Maize Land,” lies in the foothills of the mighty Himalayas in Darjeeling, India.

- ☐ evaluating element
- ☐ narrative element
- ☐ reporting element

6 A paradisiacal location

- ☐ evaluating element
- ☐ narrative element
- ☐ reporting element

7 where 625 tea workers and their families live.

- ☐ evaluating element
- ☐ narrative element
- ☐ reporting element

8	Like on any other Fairtrade Certified Plantation, the Joint Body committee in Makaibari is responsible for monitoring and implementing all the social development programmes financed with the Fairtrade money. In Makaibari Joint Body 10 of the 16 members are women.	☐ evaluating element ☐ narrative element ☐ reporting element
9	As global tea sales have been declining over several years, the women decided to diversify their income(,) generating activities. After long discussions, the Makaibari Joint Body decided to invest in eco lodges (eco-tourism venture),	☐ evaluating element ☐ narrative element ☐ reporting element
10	an innovative and ambitious project, which aims to bring prosperity to the whole community.	☐ evaluating element ☐ narrative element ☐ reporting element

Aufgabe 9 **Auswertung einer Beispieltabelle zum Thema „Fairtrade":** Schauen Sie sich folgende Tabelle zunächst genau an.

Fairtrade Products	2003	2004	Growth
Coffee*	19,293	24,222	26 %
Tea*	1,522	1,965	29 %
Bananas*	51,151	80,641	58 %
Fresh fruit*	1,291	5,157	299 %
Cocoa*	2,698	4,201	56 %
Sugar*	718	1,960	173 %
Honey*	1,164	1,239	6 %
Juices*	2,193	4,542	107 %
Rice*	544	1,384	154 %
Dried fruit*	23	238	934 %
Beer**	3,635	62,934	1 631 %
Wine**	–	617,744	–
Sportballs***	165,125	56,479	– 66 %
Flowers****	–	13,008,850	–
Ice tea**	160	532	233 %
Others*	35	46	32 %

* mt
** litres
*** items
**** stems

© *Fairtrade Labelling Organizations International*

a Ordnen Sie jetzt bitte folgende Aussagen zur Tabelle im Hinblick auf ihre Relevanz von „äußerst wichtig" bis „unwichtig". Beginnen Sie mit dem Satz, der die Kernaussage des Materials am besten beschreibt:

1 The table shows a significant growth of sales figures between 6 and 1 600 per cent from the year 2003 to the year 2004 – the differences are mostly owing to a policy of diversification.
2 The growth of coffee should not be underestimated.
3 The sales of dried fruit have risen by 10 times and the sales of Fairtrade beer have increased by 1 600 % which is really enormous.
4 Beverages like for example beer, wine, and ice tea have a strongly increasing importance for Fairtrade and their farmers.
5 The table shows how much more money consumers spend on Fairtrade products in the year 2004.

b Ordnen Sie jeder der folgenden fünf Kernaussagen (1–5) einen entsprechenden Zahlenbeleg (A–E) zu und tragen Sie Ihre Ergebnisse in die untere Tabelle ein.

1 Even the traditional Fairtrade goods still increase their market shares.	**A** The enormous number of 13,008,850 stems was sold in the first year.
2 One commodity that was sold impressively more is beer.	**B** For example wine was introduced to the market and more than half a million litres were sold.
3 Sportballs were sold by 60 % less.	**C** Their sales dropped by two thirds from 166,125 to 56,479 items.
4 In 2004 Fairtrade has started selling flowers.	**D** For example 2422 MT of coffee were sold, which equals a growth of on quarter.
5 Fairtrade also focuses on selling beverages.	**E** Even though sales have started out from a low level (3 635), they have jumped to 62,924 litres in 2004.

1	2	3	4	5

c Ordnen Sie folgende Begründungsansätze für Entwicklungen in den Fairtrade Verkaufszahlen von „sehr sinnvoll" bis „kaum sinnvoll":

1 Fairtrade is able to raise its sales figures because an ever increasing number of people call for fairly traded goods (even in supermarkets).

2 Because the sales in sportballs went down Fairtrade has focused on selling beer instead.

3 The amount of wine has probably risen because the overall consumption of wine hase risen, too.

4 The recent introduction of fresh products on the market (fruits and flowers) is rooted in a development of good logistics.

5 The amount of goods sold has gone up because fairtrade partners had an extremely good harvest in the year 2003.

Aufgabe 10 Sehen Sie sich den folgenden Cartoon genau an und machen Sie sich Stichpunkte zu den relevanten Beschreibungsaspekten:

Aufgabe 11 Analyse einer Werbeanzeige: Verteilen Sie zunächst die Buchstaben des Wortes AIDA sinnvoll auf der Anzeige. Welcher Teil der Werbung sorgt für „Attraction“? Welcher sorgt für „Interest“, „Desire“ und welcher für „Action“?

Fassen Sie anschließend Ihre Überlegungen zu jedem der vier Buchstaben bitte jeweils in einem kurzen Satz zusammen:

A ______________________________

____

I ______________________________

____

D ______________________________

____

A ______________________________

____

3.4 Leseverstehen von Sach- und Gebrauchstexten – Alles auf einen Blick

Hör- und Sehverstehen • *Listening and viewing comprehension*

1 Basiswissen

Was ist wichtig beim Hör- und Sehverstehen?

Das „Hören“ verlangt von Ihnen, gesprochene Sprache zu verstehen (im Unterricht oft als Aufzeichnung). Eine besondere Herausforderung hierbei ist, dass verschiedene Sprecher des Englischen sehr unterschiedliche „Dialekte“ oder „Soziolekte“, je nach regionaler Herkunft und sozialer Schicht, aufweisen. Beim „Hören und gleichzeitigen Sehen“ gilt es beispielsweise, an persönlichen Gesprächen teilzunehmen oder Filme in der Fremdsprache zu erfassen und zu diskutieren. Visuelle Eindrücke oder Körpersprache erleichtern das Verstehen in den meisten Fällen. Allerdings müssen Sie beim Sehverstehen beachten, dass hier auch Gesten, Mimik, Körperhaltung etc. eine wichtige Rolle spielen und die Botschaft beeinflussen. Bei der Analyse von Filmen und in persönlichen Gesprächen sollten Sie daher immer auch auf diese „impliziten“ Inhalte achten.

Was müssen Sie grundsätzlich über Dialekte und Soziolekte wissen?

Die auffälligsten geographischen Unterschiede in der Sprache liegen im Wortschatz und in der Aussprache.
Hier ein paar Beispiele.

- **Wortschatz:** Jede Form des Englischen gebraucht eigene Wörter für bestimmte Dinge. Fragt Sie etwa ein Amerikaner nach Ihrem *bathroom*, so können Sie davon ausgehen, dass der Betreffende auf Toilette muss und sich aus seiner Sicht angemessen höflich ausdrückt. Fragt Sie dagegen ein Brite, so hat er wohl eher die Absicht, ein Vollbad zu nehmen. In Australien und Neuseeland kommen Wörter hinzu, die aus den Sprachen ihrer Ureinwohner übernommen wurden oder sich aus dem Lebensstil des jeweiligen Landes ergeben (z. B. Australisch *barbie* für Grillfeier).

- **Aussprache:** Die einzelnen regionalen Formen des Englischen unterscheiden sich am offensichtlichsten durch die Aussprache der Einzellaute. Die Amerikaner erkennt man am ehesten am gerollten „r" (rhotic /r/). Außerdem wird das „t" im Amerikanischen oft wie ein „d" ausgesprochen, und es besteht ein Unterschied zwischen dem breiten amerikanischen /ä/ und dem offenen britischen „a" (wie in *dance*). Die Iren sind ebenfalls recht einfach zu identifizieren, weil sie häufig kein „th" sprechen (sondern ein /t/). Vor allem bei den Dublinern kommt dazu, dass sie den Diphtong /ai/ sehr dunkel aussprechen (so als ob ein /o/ oder /u/ dazukäme: /oai/). Die Neuseeländer erkennt man vor allem an der Aussprache des „i", das etwas weiter hinten artikuliert wird und viel offener klingt.

Im Hinblick auf die Soziolekte (also die schichtspezifischen sprachlichen Unterschiede) müssen Sie sich vor allen Dingen darüber im Klaren sein, dass mit Ausnahme des nordamerikanischen Sprachraums der gesellschaftliche Status einer Person viel stärker aufgrund seiner Sprache beurteilt wird als in Deutschland. Sie müssen hierbei insbesondere wissen, welche Worte als „unterschichtsspezifisch", gar als „gewöhnlich" angesehen werden, und die Höflichkeitsformen (!) einhalten.

2 Methodisches Vorgehen

Globalverstehen

Beim Globalverstehen geht es vor allem darum, Grundinhalte zu erkennen, was Sie vor allem dadurch fördern können, dass Sie sich schon vorab auf die Situation einstellen:

- Stimmen Sie sich inhaltlich auf das Thema ein.
- Überlegen Sie sich, welchen themenbezogenen Wortschatz Sie kennen müssen.
- Stellen Sie sich die klassischen W-Fragen (*who, what, where, why* etc.).

Ankerwortmethode

Haben Sie trotzdem Schwierigkeiten, dem Gesprächspartner zu folgen, sollten Sie die „Ankerwortmethode" anwenden. Das Verstehen wichtiger Worte – der so genannten „Ankerworte" – können Sie gezielt üben, indem Sie versuchen, einzelne Einheiten im Sprechtext zu erkennen und sich auf das Verstehen von einzelnen Satzteilen konzentrieren.

- Nutzen Sie die „Pausen“, die durch den Gebrauch von Füllwörtern entstehen, für das Verstehen des vorher Gesagten und zur Vorbereitung auf das Nachfolgende (typische Füllwörter sind z. B. *well, anyway*).
- Identifizieren Sie Gliederungswörter, die Sinnabschnitte teilen und Gedanken ordnen (siehe S. 71). So wissen Sie bei einer Gegenüberstellung, die mit *On the one hand ...* eingeleitet wird, dass bald auch *On the other hand* folgen müsste.
- Nach Pausen oder Gliederungswörtern folgt aufgrund der strengen Satzstellung (relativ) unmittelbar das Subjekt und im direkten Anschluss das Verb. Achten Sie besonders auf Verkürzungen wie beim englischen *you* zu *ya* und auf die Zeitenbildung (z. B. *-ed* und *-ing*).

Detailverstehen

Bei der Leistungsmessung in der Schule geht es oft auch um das Detailverstehen. Da es aber zumeist mehrere Hördurchgänge gibt, sollten Sie zuerst einmal die Strategien, die Sie bereits kennengelernt haben, anwenden. Beim letzten Durchgang müssen Sie sich dann auf die Details, die Sie bis jetzt noch nicht verstanden haben, konzentrieren. Dabei sollten Sie sich unbedingt Notizen machen.

Wie funktioniert das *note-taking*?

Das *note-taking* fällt vielen Schülern schwer, weil Sie nicht das richtige Maß finden:

- Schreiben Sie nie soviel mit, dass Sie in Hektik geraten, weil Sie mit dem Schreiben nicht nachkommen. Notieren Sie daher nur Schlagworte oder kurze Phrasen, keine ganzen Sätze.
- Vereinfachen Sie das Mitschreiben, indem Sie möglichst das gleiche Schema verwenden (z. B. Nummern für Einzelaspekte und Spiegelstriche für Unterpunkte).
- Verwenden Sie Pfeile, um Zusammenhänge herzustellen.

Was müssen Sie bei der Filmanalyse beachten?

Bei der Filmanalyse müssen Sie vor allem auf folgende Aspekte achten:

- Bildausschnitt **(„field size")**

  Die Auswahl des Bildausschnitts dient vor allem dazu, den Zuschauer (schrittweise) an Handlungsort, Handlung und Charaktere des Filmes heranzuführen. Wird eine Szene von größerer Entfernung aufgenommen, soll das Publikum zunächst mit der Gesamtsituation vertraut gemacht werden **(„establishing shot")**.

  Normale Einstellungen aus mittlerer Entfernung zeigen das Miteinander der Charaktere **(„medium shot")**.

  Naheinstellungen lenken die Aufmerksamkeit auf eine bestimmte Figur **(„close up")**.

  Am extremsten ist die Detailaufnahme, die normalerweise verwendet wird, um einen bestimmten Charakterzug einer Person zu betonen oder auf die Bedeutung eines bestimmten Gegenstands hinzuweisen **(„extreme close up")**.

- Aufnahmewinkel **(„camera position“)**
  Der Aufnahmewinkel wird zumeist dazu verwendet, Personen oder Gegenstände als „überlegen“ oder „unterlegen“ zu kennzeichnen. Wird z. B. ein Charakter von schräg unten aufgenommen **(„low angle“)**, wirkt er größer

  als wenn die Kamera auf Augenhöhe steht **(„eye level shot“)** – er erscheint bedeutender oder gefährlicher.

  Der Gegenentwurf ist die Aufnahme von schräg oben **(„high level shot“)**, bei der ein Charakter kleiner wirkt als normalerweise – er erscheint unbedeutender und schwächer, der Zuschauer bekommt quasi automatisch Mitleid.

- Kamerabewegung und Schnitt **(„movement and cuts“)**
  Kamerabewegungen und Schnitttechnik dienen vor allem dazu, Zusammenhänge herzustellen und die Geschwindigkeit des „filmischen Lebens“ zu bestimmen. Inhaltliche Verbindungen lassen sich z. B. durch den Einsatz eines Zooms visualisieren – hierdurch wird nämlich betont, dass ein bestimmtes Detail in einem größeren Zusammenhang steht. Die Art des Schnitts kann u. a. Parallelen aufzeigen, so wie es z. B. beim sogenannten **„Match-Cut“** der Fall ist (hier werden zwei Szenarien durch ein übereinstimmendes Detail verknüpft – z. B. durch den Mond, der gerade an beiden Szenen scheint). Aber auch Gegensätze lassen sich durch den Schnitt darstellen, wobei vor allem der Gegenperspektive **(„reverse angle shot“)** eine besondere Bedeutung zukommt. Der Zuschauer sieht die Szene aus der umgekehrten Sicht, und auf diese Weise wird ein visueller Kontrast aufgebaut. Schwenks **(„pans“** oder **„titts“)**, Kamerafahrten **(„tracking shots“)** und schnelle Schnittfolgen **(„fast cuts“)** vermitteln den Eindruck von hoher Geschwindigkeit – Spannung und Action stehen im Vorder-

grund. Weiche Überblendungen und lange Einstellungen zielen dagegen zumeist auf die Darstellung eines (inneren) Zustands ab.

- Ton- und Schrifteinspielungen
  Einspielungen von Musik sind meist von atmosphärischer Bedeutung (seltener sind Erkennungsmelodien), während Schrifteinblendungen eher einen erklärenden Charakter haben, z. B. wenn Ort und Zeit exakt definiert oder zusätzliche Hintergrundinformationen gegeben werden sollen.

Vokabelliste: Filmische Mittel

Material

Englisch	Deutsch
cutting continuity/film transcript/storyboard	Filmskript/Aufnahmeplan
shot	Kameraeinstellung
field size	Einstellungsgröße/Bildausschnitt
establishing shot	Anfangseinstellung, in der man den Schauplatz überblicken kann
long shot	Totale
medium long shot	Halbtotale
full shot/normal shot	Halbnaheinstellung/Normale
medium shot	Naheinstellung
close-up	Großaufnahme
extreme close-up/detail shot	Detailaufnahme
point-of-view shot	Personenperspektive (aus der Sicht einer Filmfigur)
over-the-shoulder shot	Über-die-Schulter-Blick
reverse-angle shot	Gegenperspektive
high angle shot/overhead perspective	Vogelperspektive
low angle shot/below shot	Froschperspektive
eye-level perspective/straight-on angle	Blickwinkel aus Augenhöhe
cut	Schnitt (= Wechsel von einer anderen Einstellung)
fade-in	Aufblendung (= allmähliches Erscheinen des Bildes)
fade-out	Ausblendung
dissolve	Überblendung
parallel action/cross-cutting	Vermischung von zwei Szenen

flashback	Rückblende
flashforward	Vorausschau
horizontal camera movement; pan(ning)	horizontaler Schwenk
tilt	vertikaler Schwenk
tracking (trucking) shot	Kamerafahrt
zoom in/zoom out (on sth.)	Heranzoomen (vergrößern)/ Wegzoomen (verkleinern)
caption insertion/superposition	Schrifteinblendung
cast	Besetzung/teilnehmende Schauspieler
credits	Vorspann, Nachspann
voice over	Die Stimme des Erzählers übertönt alle anderen Geräusche
(voice) on	Der Sprecher (Erzähler/Charakter) ist im Bild
(voice) off	Der Sprecher (Erzähler/Charakter) ist nicht im Bild

3 Übungen

ufgabe 12
Track 1

Hören Sie sich den Hörtext Nr. 1 auf der beiliegenden CD an: Hier werden 3 Personen interviewt, die alle einen unterschiedlichen Dialekt sprechen und über ihre Sprache und ihre Person Auskunft geben. Überlegen Sie während des Hörens, aus welchen Ländern die verschiedenen Sprecher stammen und tragen Sie die entsprechenden Nummern in der Karte ein.

Aufgabe 13
Track 2

Hören Sie sich nun die Dankesrede des früheren amerikanischen Vizepräsidenten Al Gore bei der Verleihung des Nobel Preises an. Versuchen Sie, die Ankerwortmethode anzuwenden. Eine Kopie der folgenden Tabelle wird Ihnen dabei helfen.

Sinnabschnitte	Substantive	Verben

Aufgabe 14
Track 3

Vertiefung Ihres Hörverstehens anhand eines längeren Erzähltexts: Auf der beiliegenden CD finden Sie die Kurzgeschichte *Destination* von Martin Forbes als Hörspiel. Hören Sie gut zu und kreuzen Sie danach an, welche der folgenden Aussagen richtig sind. Falls Sie einzelne Details nicht erfasst haben, hören Sie sich den Text noch einmal an:

1. a) ☐ Chouki hat eine neue Freundin.
   b) ☐ Chouki steigt sonst 2 Haltestellen früher ein.
   c) ☐ Chouki setzt sich neben den Manager von GW Spirits.
   d) ☐ Chouki hat eine Ledertasche.

2. a) ☐ Der Bus fährt zum Buckingham Palace.
   b) ☐ Der Bus fährt auf einer Kreislinie.
   c) ☐ Die Buslinie endet auf der Baker Street.
   d) ☐ Die Endstation der Linie ist am Green Park.

3. a) ☐ Chouki ist ruhig und lässt sich auch nicht aus der Ruhe bringen.
   b) ☐ Chouki spielt nervös mit den Enden seiner Tasche.
   c) ☐ Chouki schlägt Martin zuerst.
   d) ☐ Chouki schlägt Martin erst, als er angegriffen wird.

4. a) ☐ Der Busfahrer hilft Chouki.
   b) ☐ Jonathan Parker hilft Chouki.
   c) ☐ Die Polizei hilft Chouki.
   d) ☐ Keiner hilft Chouki.

5. a) ☐ Martin fragt Chouki, ob er ein Araber ist.
   b) ☐ Martin fragt Chouki, wann er nach England gekommen ist.
   c) ☐ Martin fragt Chouki, warum er eine Tasche dabei hat.
   d) ☐ Martin fragt Chouki, ob seine angebliche neue Freundin Engländerin ist.

6. a) ☐ Chouki steigt aus, weil er Martin retten will.
   b) ☐ Chouki steigt aus, weil er Angst vor der Polizei hat.
   c) ☐ Chouki steigt aus, weil der Busfahrer Recht hatte.
   d) ☐ Chouki steigt aus, weil er seinen Plan in die Tat umsetzen will.

ufgabe 15 **Beschreibung eines Filmbildes:** Folgende Abbildung ist ein Einzelbild *(screenshot)* aus einem Film. Schauen Sie sich das Bild in Ruhe an und beschreiben Sie mit ein paar kurzen Sätzen die Szene und wie sie filmisch dargestellt wird.

4 Hör- und Sehverstehen – Alles auf einen Blick

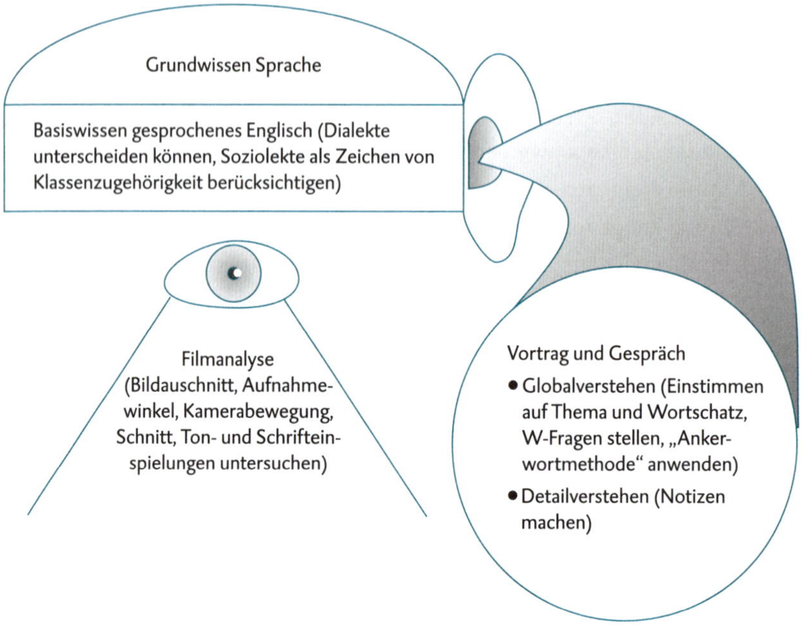

Textproduktion • *Writing*

1 Basiswissen

Wenn Sie gute Texte verfassen wollen, müssen Sie zwei unterschiedliche Arten von Basiswissen haben: (fremd-)sprachenbezogenes Wissen (Wortschatz, Grammatik) und Wissen darüber, wie Sie Ihren Schreibprozess als solchen optimieren können. Dazu müssen Sie sich mit den einzelnen Phasen der Texterstellung beschäftigen – ausgehend von der Sammlung und Ordnung von Gedanken und Material bis hin zum fertigen Text.

Wie verbessern Sie Ihr sprachbezogenes Wissen im Wortschatzbereich?

Beginnen Sie bereits bei der Vokabelarbeit damit, Ihren Wortschatz themenbezogen zu strukturieren und setzen Sie sich ein Ziel von 400 neuen Wörtern für die gesamte Oberstufe. Zu folgenden oberstufenrelevanten Themen sollten Sie über ein substantielles Vokabular verfügen:

- Politik und gesellschaftliche Gruppen
- Immigration und Multikulturalismus
- Geografie und Landeskunde
- Wissenschaft und Technik
- Zukunftsutopien und Dystopien
- Wirtschaft
- (Miss-)Erfolge des Einzelnen
- Ethische bzw. religiöse Fragen und Wertsysteme
- Literatur und Theater
- Film und Musik
- persönliche Beziehungen
- Umwelt- und Umweltschutz
- Medien

Zur themenspezifischen Wortschatzerweiterung empfiehlt sich das „Kompaktwissen Englisch Abitur, Themenwortschatz“ (Stark Verlag, Verlagsnr. 90462) oder zum kontextbasierten Üben das „Abitur-Training Themenwortschatz“ (Stark Verlag, Verlagsnr. 82451).

TIPP

So erhöhen Sie die Behaltensleistung beim Vokabellernen

- Arbeiten Sie stets kontextbezogen. Unser Gedächtnis speichert nicht Einzelbegriffe, sondern thematische Netzwerke. Daher sind Mindmaps sehr zu empfehlen ebenso wie das gemeinsame Lernen ähnlicher Wörter in Chunks (z. B. *handsome, beautiful, good-looking* = gutaussehend).
- Lesen Sie englische Texte und Bücher und notieren Sie sich thematisch für Sie interessante Ausdrücke.
- Schreiben Sie mit den neuen Wörtern eine Geschichte.

Wie verbessern Sie Ihr sprachbezogenes Wissen im Grammatikbereich?

Vor allem das englische Zeitensystem unterscheidet sich stark vom deutschen und ist die häufigste Fehlerquelle bei Lernenden.

TIPP

So wiederholen Sie das englische Zeitensystem am effektivsten

Füllen Sie die Zeitentabelle auf S. 61 aus und kopieren Sie sie. Schneiden Sie dann die einzelnen Partien aus und puzzeln die Teile wieder zusammen.

Wenn Sie den Anweisungen zum Ausfüllen folgen, üben Sie die wichtigsten Zeitformen des Englischen und erstellen gleichzeitig eine nützliche Übersicht, die Sie immer wieder verwenden können. Lesen Sie zunächst folgendes Beispiel:

Beispiel

Einfache Vergangenheit (*simple past*)	**Vollendete Gegenwart (*present perfect*)**	**Einfache Gegenwart (*simple present*)**	**Verlaufsform der Gegenwart (*present progressive*)**	**Futur I (*will-future*)**	**Futur I (*going to-future*)**
He played football last week.	*(Look at his bloody knees.) He has played football again.*	*He often plays football on Tuesdays.*	*(Sorry, he is not here.) He is playing soccer at the moment.*	*I hope that Phillip Lahm will play for the national team again next year.*	*(I asked him.) He is going to play soccer tomorrow.*

Füllen Sie jetzt nach demselben Muster die Lücken in den nächsten Zeilen. Achten Sie aber bitte darauf, ob die Bildung der Zeit Sinn macht. Ansonsten sollten Sie die Kästchen durchstreichen. Ein ausgefülltes Muster hierzu finden Sie auf Seite 104 ff.

Material

Einfache Vergangenheit *(simple past)*	**Vollendete Gegenwart *(present perfect)***	**Einfache Gegenwart *(simple present)***	**Verlaufsform der Gegenwart *(present progressive)***	**Futur I *(will- future)***	**Futur I *(going to-future)***
	We have eaten the cake already.				
		I usually drink milk.			
			She is playing the guitar now.		
				The sun will shine tomorrow.	
Verwendung von Zeitformen					
Diese Zeitform wird verwendet wenn:	Diese Zeitform wird verwendet wenn:	Diese Zeitform wird verwendet wenn:	Diese Zeitform wird verwendet wenn:	Diese Zeitform wird verwendet wenn:	Diese Zeitform wird verwendet wenn:
Signalwörter zur Kennzeichnung der Zeit					
Signalwörter:	Signalwörter:	Signalwörter:	Signalwörter:	Signalwörter:	Signalwörter:

Weitere häufige Fehlerquellen deutscher Schüler sind:

- **Bedingungssätze:** Das zentrale Problem ist hier, dass wir Deutsche das Wort „würde" regelmäßig verwenden, um die Bedingung selbst auszudrücken (z. B. „Wenn ich das tun **würde**, dann wäre ich schön blöd") – im Englischen ist aber das „would" im If-Satz völlig falsch. Einzige Ausnahme hier ist die sehr höfliche Bitte „If you would follow me, please".
- **Der Gebrauch des bestimmten Artikels:** Umfassende abstrakte Begriffe und gedankliche Konzepte wie etwa „die Religion", „die Leidenschaft", „der Sport" und natürlich „die Liebe" werden im Englischen ohne Artikel verwendet. Anders ist es, wenn es z. B. um eine ganz bestimmte Liebe geht, was Sie oft an dem Wort *of* erkennen können („She is **the** love **of** his life").
  Bedenken Sie bei Ihrer Entscheidung: Der bestimmte Artikel wird im Englischen deutlich seltener verwendet als im Deutschen. Wenn Sie nicht sicher sind, lassen Sie ihn einfach weg. Ausnahme: Bei Musikinstrumenten wird der bestimmte Artikel stets benutzt („She plays **the** piano").
- **Die Übersetzung von „man":** Das deutsche Wort „man" wird im Englischen durch eine ganze Reihe von verschiedenen Wörtern wiedergegeben, nämlich *we*, *they*, *people* oder *one*. Letzteres sorgt unter deutschen Schülern für die meiste Verwirrung, da es ausschließlich nur dann verwendet werden darf, wenn sich der Sprecher selbst in das „man" einschließt.

TIPP

So können Sie aus Ihren alten Klausuren lernen
Führen Sie Fehlerprotokolle. So verschaffen Sie sich relativ schnell einen Überblick über Ihre häufigsten Fehler und können vor Prüfungen Ihre Schwachstellen gezielt in einer Grammatik nachschlagen.

Welche grundlegenden Phasen gibt es bei der Texterstellung

Gehen Sie bei Texterstellungen immer nach folgendem Schema vor, denn nur so können Sie sichergehen, dass Ihre Texte sachgerecht gestaltet sind:

- Themenanalyse
- Zeitplanung
- Ideen- und Stoffsammlung z. B. als Mindmap/Bearbeitung von Material
- logische Strukturierung und Anordnung
- Schreiben
- Korrigieren
- Abgabe

Zeiteinteilung Klausur:

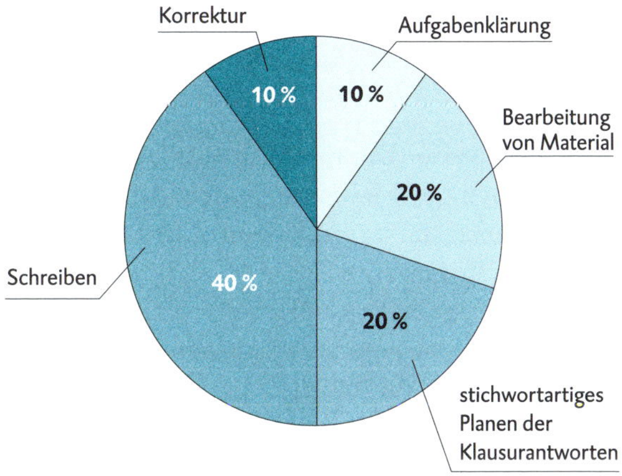

2 Methodisches Vorgehen

In Ihren Klausuren begegnen Ihnen Aufgabenstellungen, die sich grundsätzlich in vier Aufgabentypen einteilen lassen, nämlich in verstehensüberprüfende Aufgaben, analytische Aufgaben, bewertende Aufgaben und kreative Schreibaufgaben.

Verstehensüberprüfende Aufgaben

Verstehensüberprüfende Aufgaben sind beispielsweise Zusammenfassungen, Nacherzählungen, Fragen nach Sinnzusammenhängen oder der Bedeutung einzelner Textelemente. Typische Frageoperatoren sind:

to retell: Hier geht es darum, die wichtigsten Aspekte des Ausgangstextes zu filtern und eine Nacherzählung anzufertigen (Beispiel: "Retell Hemingway's short story 'Cat in the Rain'.").
Verfassen Sie den Antworttext stets in der Zeitform des Ausgangstextes. Handelt es sich also beispielsweise um eine Kurzgeschichte, die in der Vergangenheit geschrieben wurde, dann müssen Sie das *simple past* auch in Ihrem Text verwenden.

to sum up, give a summary, summarize: Fassen Sie den Text kurz in eigenen Worten zusammen ("Sum up the measures Britain has taken to foster racial equality."). Allerdings sollten Sie beim Schreiben Ihres Antworttextes zwei Dinge anders machen:

- Verwenden Sie stets das *simple present.*
- Lassen Sie Ihre Zusammenfassung nicht länger werden als maximal ein Drittel des Ausgangsmaterials (manchmal wird diese Faustregel auch für die Nacherzählung angewandt – das ist aber Geschmackssache).

to state (the main aspects), give an overview, outline: Bei diesen Operatoren geht es darum, einen „Überblick" zu geben, sodass Ihre Ausführungen einen stärker aufzählenden Charakter haben können *(first, second, third)*. Dies trifft insbesondere auf den Frageoperator *to state* zu („benennen"). Beispiel: "State the major plot elements of the short story."

- Versuchen Sie, jeden Aspekt durch ein Schlagwort plakativ zu kennzeichnen. Am besten ist es, Sie verwenden hierzu stets die gleiche Wortart, also z. B. nur Nomen („Liebe, Lust, Leidenschaft").
- Verwenden Sie Phrasen wie „The text focuses on …" oder „the gist of the passage is that …", „the major aspect of the text is that …" etc.

to describe: Dieser Frageoperator fordert von Ihnen eine Beschreibung, was sich auf einen textlich, oft aber auch bildlich dargestellten Sachverhalt beziehen kann. Im Gegensatz zu den bisher erklärten Frageoperatoren dürfen Sie Ihre Antwort ruhig etwas detaillierter ausführen ("Describe the relationship between the two main characters.").

Analytische Aufgaben

Hierunter fallen Anweisungen zur genauen Untersuchung von Form und Sprache im Hinblick auf die Textaussage. Mögliche Operatoren sind:

to analyse: „Analysieren" heißt einen Text oder eine Tabelle oder auch einen Film in seine Einzelheiten zu zerlegen, die Einzelteile genau zu betrachten und die Einzelergebnisse dieser Untersuchung zu einem Ganzen zusammenzufügen ("Analyse the final scene closely."). Das Ganze steht also unter dem Motto: „Untersuchen Sie den Text ganz genau." *To analyse* wird daher auch manchmal mit *examine closely* umschrieben.
Die wichtigste Herausforderung bei der Analyse ist es, den Zusammenhang zwischen Form, Sprache und Inhalt des Texts im Detail zu ergründen.

to classify, categorize: Diese Frageoperatoren entsprechen dem deutschen „klassifizieren“ bzw. „kategorisieren“ (“Classify the newspaper article.”). Es geht darum, zu begründen, warum ein Text einer bestimmten Materialform zugeordnet werden kann (z. B. *report* oder *news story*).
Nehmen Sie Ihre Zuordnung bereits im ersten Satz vor.

to explain … how …: Die Frage nach dem *how* bezieht sich eigentlich immer darauf, wie der Autor eine bestimmte Wirkung erzielt. Als Frage formuliert: „Wie setzt der Autor Sprache oder/und Form ein, um einen bestimmten Inhalt zu vermitteln?“ (z.B. “Explain how the author depicts the protagonist.”).

Bewertende Aufgaben

Unter diesem dritten Anforderungstyp finden Sie z. B. Aufgaben zur Gestaltung von Diskussionen, Kommentaren oder Leserbriefen. Dabei geht es immer um eine persönliche Stellungnahme. Zentrale Frageoperatoren dieses Bereichs sind:

to comment, explain/state your personal opinion: Beim Kommentar, bei der Bewertung oder der persönlichen Meinungsäußerung geht es für Sie vor allen Dingen darum, begründet Ihre ganz eigene Stellung zu beziehen und sich ggf. sogar emotional zu äußern (“Comment on the conclusion the journalist draws at the end of the article.”).
Wir empfehlen Ihnen, Ihre persönliche Auffassung möglichst vorab in einem kurzen Satz zu formulieren und Ihrem späteren Antworttext als These voranzustellen.

- Verwenden Sie vorzugsweise diejenigen Argumente aus dem Ausgangstext, die Ihre Meinung stützen und die Gegenmeinung entkräften.
- Bringen Sie zusätzliche Hintergrundinformationen aus dem Unterricht oder dem aktuellen Tagesgeschehen ein.
- Verwenden Sie beim Aufbau Ihrer persönlichen Argumentation stets Phrasen wie „in my opinion“, „from my perspective“ oder auch „from my point of view“, um Ihren Ausführungen einen persönlichen Charakter zu geben.

to discuss: “Discuss the pros and cons of genetic manipulation.” Eine Diskussion zeichnet sich im Gegensatz zum Kommentar vor allen Dingen dadurch aus, dass Sie versuchen sollten, dem gestellten Thema oder der gestellten Frage zunächst offen zu begegnen. Mit anderen Worten: Sie stellen das Thema Ihres Essays am Anfang neutral vor und wägen dann im Folgenden das Für und Wider sorgfältig ab – erst anschließend formulieren Sie Ihr persönliches Fazit.

Kreative Schreibaufgaben

Bei kreativen Aufgaben liegt die besondere Schwierigkeit darin, der geforderten Textsorte gerecht zu werden. Dabei sollten Sie auch immer den Verwendungszusammenhang und den Adressaten im Kopf behalten. Folgende Aufgabenstellungen werden Ihnen häufig begegnen:

Verfassen eines Briefes

- Vergessen Sie den Briefkopf nicht (Absender rechts oben und Anschrift links oben).
- Beachten Sie die Gruß- und Abschiedsformel (bei offiziellen Briefen: „Dear Sir, Madam“ oder „Dear Mr/Mrs XX“ und „Regards“ oder „Yours faithfully“; bei persönlichen Briefen „Dear XX“ oder „My love“ und „Yours“ oder „In love“).
- Bei persönlichen Briefen sollten Sie möglichst viele Gefühlsäußerungen und Emotionen einbringen („I would be delighted if …“, „It breaks my heart to …“) und sich in den Verfasser des Briefes hineinversetzen. Dabei können Sie ruhig ein paar fiktive, persönliche Details einfließen lassen.

Verfassen einer E-Mail

- Bei einer E-Mail sollten Sie immer Ihre Adresse, die Empfängeradresse und eine Betreffzeile angeben.
- Achten Sie besonders auf Kürze. Bei persönlichen E-Mails können Sie mitunter auch typische Abkürzungsformen (z. B. „rofl“ für „rolling on the floor laughing“) oder *smilies* verwenden.
- Vermeiden Sie Großbuchstaben. Bei E-Mails bedeuten das, dass Sie SCHREIEN.
- Denken Sie daran, dass bei einer offiziellen Mail ein „Briefkopf“ unter die Mail gesetzt wird.

Verfassen eines Theater-Dialogs

- Achten Sie darauf, dass der Sprechtext immer dem Wesen des jeweiligen Charakters entspricht. Ein Charakter ist schüchtern und zurückhaltend, der andere vielleicht aggressiv und fordernd.
- Achten Sie auch darauf, dass die Handlung zum Handlungsort passt.
- Schreiben Sie Regieanweisungen, die die Aussagen des Sprechtextes visualisieren.
- Verwenden Sie (vorhandene) Requisiten und nehmen Sie (falls bekannt) Bezug auf vorangegangene Spielszenen.

Erstellung einer Rede

- Achten Sie bei einer Rede vor allem auf den Anlass und die Zielgruppe. Ihr Sprachstil muss entsprechend formell (politische Rede) oder auch locker (z. B. bei der Ansprache eines Rugby Trainers) sein.
- Begrüßen Sie die Zuhörer. Sie sollten versuchen, alle anwesenden Personen einzubeziehen und der Hierarchie entsprechend vorzugehen (Wer ist [Ihnen] am Wichtigsten?).
- Versuchen Sie die Zuschauer mit in Ihre Argumentation einzubeziehen *(we)* und die Gemeinsamkeiten zu betonen.
- Die klassischen Stilmittel der Rede sind Wiederholungen, Aufzählungen und Gegensätze, da sie beim einmaligen Hören besonders gut zu verstehen sind.

Verfassen eines Artikels

- Werten Sie Ihre Informationsquelle nach neutralen Fakten aus.
- Ordnen Sie diese nach Ihrer Wichtigkeit und bringen Sie auch Zahlen, Daten etc. ein.
- Wenn Sie für die „yellow press" schreiben, wählen Sie einen reißerischen Titel.

Verfassen eines Leserbriefs

- In einem Leserbrief sollten Sie stets auf eine Mischung aus Fakten und persönlicher Meinungsäußerung achten und im Schlussteil noch einmal Ihre Meinung unmissverständlich äußern.
- Bauen Sie die ein oder andere rhetorische Frage in Ihre Ausführungen ein.
- Zeigen Sie, dass Sie über abwechslungsreiches Vokabular zur Meinungsäußerung verfügen: „I firmly believe that ...", „It is dishonest to claim that ..." oder „I would like to express my concern at ..."

Wie sammeln und strukturieren Sie Ihre Ideen?

Sammeln Sie spontan in einem kurzen Brainstorming Ihre Ideen und schreiben Sie sie stichpunktartig auf Schmierpapier nieder (hier bietet sich die Form der Mindmap besonders gut an). Eine Strukturierung nach folgenden Mustern hat sich bewährt:

- **Gruppen:** wenn sich die verschiedenen Aspekte eines Themas klar in Gruppen zusammenfassen lassen

Gruppen

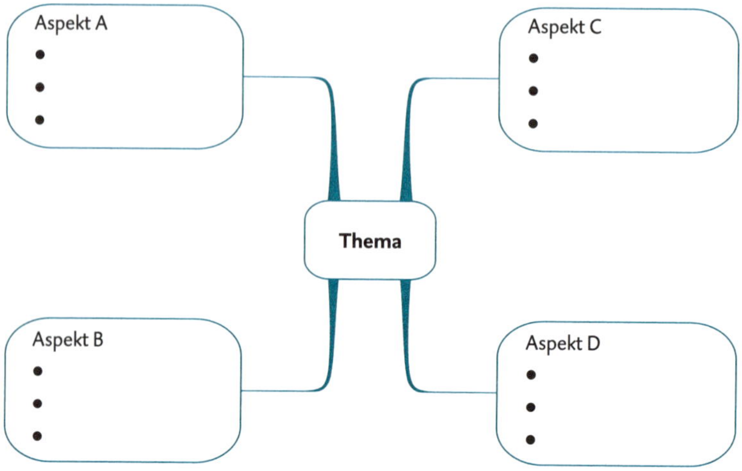

- **Hierarchien:** wenn Sie Über- und Unterbegriffe bilden können

Hierarchien

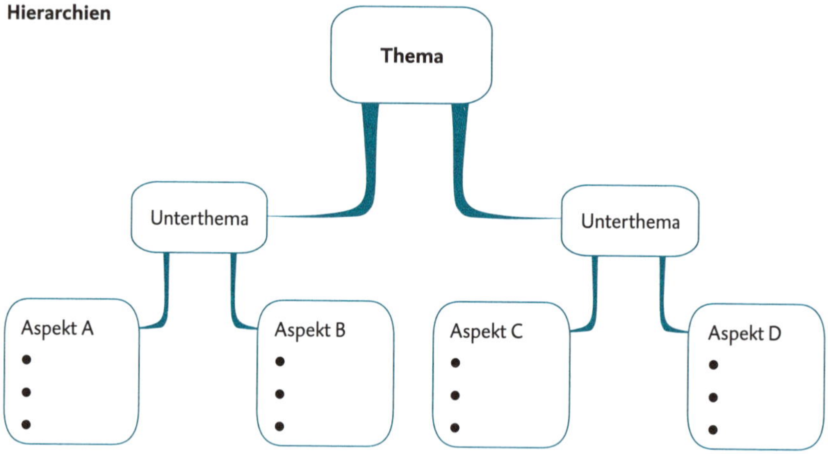

- **Folgen:** wenn Ketten von Ursachen und Wirkungen oder zeitliche Abläufe dargestellt werden

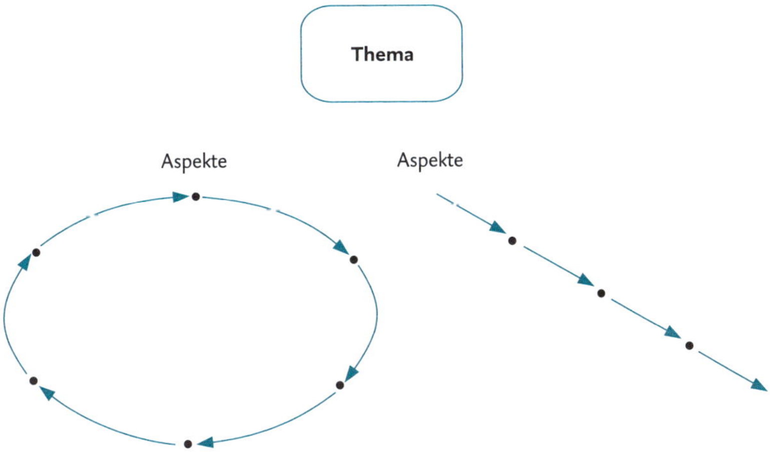

- **Tabelle** oder **Zickzacks:** wenn die Aspekte ein klassisches Pro- und Kontramuster aufweisen

Aspekte A	Aspekte B

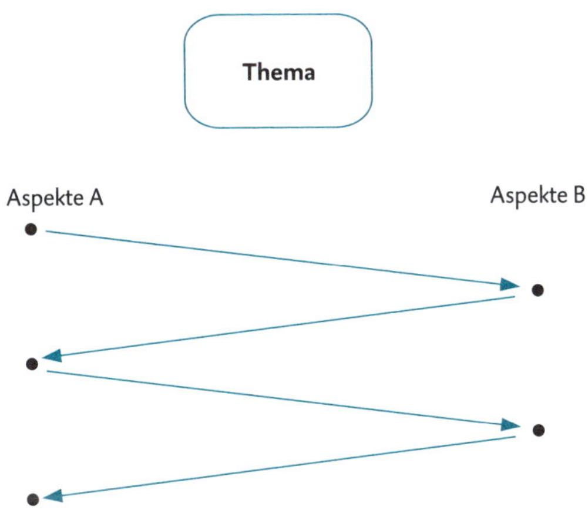

Wie zitieren Sie?

Bei der Analyse literarischer Texte müssen Sie auf den Text Bezug nehmen. Möchten Sie ein wörtliches Zitat aus einem Quellentext übernehmen, haben Sie zwei Möglichkeiten:

Beispiel *"Freedom is rooted in equality and brotherhood."*

- Zuschneiden der Textstelle, sodass diese zu einem Teil Ihres eigenen Satzes wird: *Müller describes "equality and brotherhood" as the basis for freedom (1958, p. 17).*
  Weggelassene Textpassagen sollten Sie durch eckige Klammern mit drei Punkten darin kennzeichnen, Ergänzungen oder Veränderungen dagegen mit runden Klammern.
- Nachstellung von längeren Textstellen, die aus ganzen Sätzen bestehen: Diese müssen mit einer Einleitung (oft eine kurze inhaltliche Zusammenfassung) vorbereitet werden.
  Miller explains the connection between moral values and the creation of personal and social liberty: "Freedom is rooted in equality and brotherhood" (1958, p. 17).

Wann und wie verwenden Sie Textverweise?

Reine Textverweise reichen immer dann aus, wenn es lediglich darum geht, die Fundstelle einer bestimmten Information zu dokumentieren. In Klausuren sind dies meist Fundzeilen, bei denen Sie dann Lang- oder Kurzform verwenden können: (l. 15)/(line 15). Beziehen Sie sich auf mehrere Zeilen, müssen Sie die Pluralformen verwenden: (ll. 15/16)/(lines 15/16) oder bei mehr als zwei Zeilen (ll. 15–20)/(lines 15–20).

Wie strukturieren Sie Ihren Text?

Der Einfachheit halber empfehlen wir Ihnen, stets einen dreiteiligen Aufbau zu verwenden:

- Einleitung
- Hauptteil
- Schluss

Jeder dieser drei Teile hat eine eigene Aufgabe, die Sie aus folgendem Merksatz ableiten können: „Schreibe, was du schreiben willst (Einleitung), schreibe es ausführlich (Hauptteil), schreibe, was du geschrieben hast (Schluss) – aber wiederhole dich nicht."

Material

Englisch	**Deutsch**
furthermore/moreover	außerdem/überdies
besides/additionally/in addition	zusätzlich dazu
consistently/logically/correspondingly	entsprechend (logisch daraus abgeleitet)
in accordance with (according to = angeblich, laut XY)	in Übereinstimmung mit
thus/therefore/hence	dadurch/somit
owing to this/accordingly/therefore	aufgrund dessen
based on (the fact that …)	auf der Basis von …
it follows/it can be concluded that …/ in conclusion	als Ergebnis folgt, dass …
in regard to/with regard to/with reference to/ as regards …	unter Bezugnahme auf …
as for XY/as to XY/as regards XY	hinsichtlich XY/was XY betrifft
the former	Erstgenanntes
the latter	Letztgenanntes
to put it differently/that is to say	anders ausgedrückt
simplified	vereinfacht gesagt
to put it metaphorically	bildlich gesprochen
to begin with …	zu Anfang/anfangs (muss festgestellt werden …)
(even) though/in spite of the fact	obwohl
notwithstanding the fact that/regardless that …	ungeachtet dessen
apart from	abgesehen davon
nevertheless/nonetheless	Nichtsdestotrotz
on the contrary/in contrast	im Gegenteil
on the one hand – on the other hand	einerseits – andererseits
assuming that/provided that/in case that	angenommen, dass/vorausgesetzt, dass
except that … /unless	außer wenn …
consequently/subsequently	zeitlich folgend
previously	zeitlich vorangehend
finally/eventually	schließlich

Erstellen einer Antwort

Die folgende Beispiellösung zu einer Abituraufgabe zeigt Ihnen, wie Sie Ihre Ideen sortieren und einen gut gegliederten Text schreiben können.
Stellen Sie sich vor, Sie müssen folgende Arbeitsanweisung bearbeiten:

Beispiel “The American Dream is good”. Comment on this statement.

Sammlung und Strukturierung von Ideen:

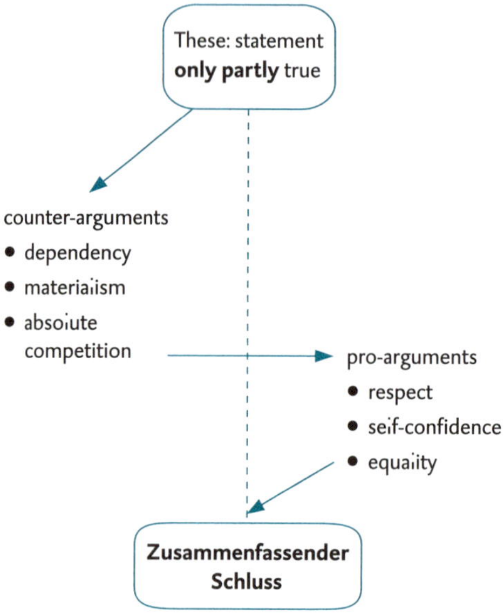

Musteraufsatz

I can only partly agree that the “American Dream is good”, even though it spurs people on to succeed in life. Yet the national myth also brings about negative effects, such as dependency, materialism and absolute competition. To my mind they outweigh the positive effects such as respect, self-confidence and equality.

***Einleitung** Zuerst die zentrale Aussage; dann die Aufzählung relevanter Aspekte in Stichworten – hier: Contra-Argumente und Pro-Argumente*

There is nothing wrong with aspiring to be successful and wealthy, but this idea should not be the main focus of one’s life as it risks leaving a dangerous vacuum once the dream is shattered. It is a dangerous dependency: especially poorer people for whom the dream will probably never come true might experience a feeling of failure and worth-

***Hauptteil** Abarbeitung der oben aufgezählten Aspekte – zuerst die Cons: „dependency“*

(Nennen Sie zumindest beim ersten Punkt den oben verwendeten Begriff,

lessness even though they have great qualities. A person may not be successful in terms of money, but their friendliness and helpfulness may still account for success in marriage, family or friendship, which I believe to be as important as economic success.

damit klar wird, worum es im nächsten Teil geht)

The imminent materialism of the American dream poses a severe threat to other values such as "strong family identity", which has always been part of American life, too. The traditional American family used to be characterised by a strong feeling of belonging together and it could be considered a competent social network. Nowadays, however, in many families financial success and economic influence play a larger role than family ties – the dream has lost an important social component.

Zweiter Aspekt: „materialism"

(Versuchen Sie, auch Vorwissen in Ihren Kommentar einzubringen)

(Ziehen Sie eigene Schlussfolgerungen)

Ambition has made life a rat race that is dominated by absolute competition among colleagues. This may result in people being hounded out of their jobs because they pose a threat to somebody else's success. People who merely strive for more will always search for ways to promote themselves and possibly go astray – either by acting immorally or by breaking the law. Though I cannot deny that competition can have positive effects, I personally do not like the idea of always having to be a cut above everybody else. Sad enough there is always somebody who is faster than you. Absolute competition plays a major role in the American Dream, but it is a value that I do not hold very highly and do not agree with as it eventually leads to a dog-eat-dog society.

Dritter Aspekt: „absolute competition" (Stellen Sie Vermutungen an, wenn Sie nicht sicher sind, ob etwas richtig ist, das Sie behaupten)

(Verwenden Sie beim Kommentar die Ich-Form und Floskeln wie „personally", um Ihren eigenen Standpunkt zu betonen)

A positive effect of the American Dream is the respectful attitude towards those who have reached their goals – may it be during school or college, in the business world or in the sports sector. By contrast in Germany pupils at school are called names simply if they get excellent marks. It calls forth envy and disrespect whereas in America a successful pupil is admired.

Und jetzt die Pros; als erster Aspekt: „respect" (Hier werden die Argumente etwas knapper formuliert, da die Gesamttendenz des Texts ja leicht negativ ist, s.o. "I can only partly agree")

What I additionally believe to be good about the American Dream is the fact that it encourages people to believe in themselves and to try to become successful. If you set

Als zweiter Aspekt: „self confidence"

yourself a personal target, the accomplishment of this aim can be very fulfilling.

Moreover, the young generation is taught that everybody is equal and has got the same opportunities to become successful. According to the dream, a black boy from the ghetto can become just as wealthy or famous as a rich white boy, if he uses his opportunities well. Even though we can doubt that racial equality actually exists, there is at least equality in hope. Black and white people can hold on to their dreams and the chance of having a better life. The dream helps people endure crises because they have the prospect of the tide turning again.

Als dritter Aspekt: „equality"

All in all it becomes clear that the American Dream in itself "is good" – especially as it potentially furthers respect, self-confidence and equality – but that it is often pushed too far. Hope can turn into dependency, ambition may motivate ruthlessness and eventually lead to criminal activities.

Schluss *Hier folgt die zusammenfassende Betrachtung, differenzierter Ausblick*

Finale Korrektur Ihres Texts

Vergessen Sie nach dem Schreiben auf keinen Fall das nochmalige Durchlesen (schreiben Sie lieber etwas weniger, falls Sie in Zeitnot geraten). Um Flüchtigkeitsfehler in Ihrem Text zu erkennen und korrigieren zu können, sollten Sie ihn in Ro-bo-ter-Spra-che durchgehen. Dabei werden Ihnen die meisten Fehler auffallen.

TIPP

So können Sie aus Ihren alten Klausuren lernen

- Prüfen Sie, ob Sie in Ihrer Klausur genügend *connectives* (Strukturwörter, siehe S. 71) verwendet haben, sodass der Leser den Aufbau leicht verstehen kann.
- Gehen Sie die gestellten Aufgaben noch einmal durch und haken Sie ab, welche Aspekte Sie in Ihrer Antwort tatsächlich abgearbeitet haben. Hätten Sie irgendwo zusätzliche Textbelege (Verweise, Zitate) einbringen können?

3 Übungen

Aufgabe 16 Übersetzen Sie die folgenden Sätze, um sich selbst zu testen. Aber Vorsicht: Wir haben einige der grammatikalischen Besonderheiten des Englischen in die Übung eingebaut.

a SOHN: Der Erfolg ist nicht so wichtig wie die Liebe, Daddy, … und immerhin habe ich mit dem Gitarre spielen die Liebe einer intelligenten Schönheit gewonnen. Wer will schon ein Star sein?

b VATER: Ja, ja, aber wenn man jetzt auch noch so gefühlvoll E-Gitarre spielen könnte wie Eric Clapton, hätte man sicher auch noch genug Geld für einen eigenen Butler. Endlich Freiheit.

c SOHN: Apropos Butler. Ich habe James gestern für meine Nachhilfestunde bezahlen müssen. Er hat mich sofort nach Geld gefragt, nachdem er mir mit Englisch geholfen hat.
VATER: Mmmh.

d SOHN: Ich lerne viel, aber so viel wie ich jetzt lerne, habe ich noch nie gelernt.
VATER: Mmmmmmmh.

e SOHN: Falls man sein Abitur schafft, ist es kein langer Weg mehr bis zur Freiheit.
VATER: Aber zuerst musst Du noch mein Golf-Zeug rausbringen … Ich will morgen um 10 Uhr gegen Carl spielen.

Aufgabe 17 **Quoting:** Die erste Form des korrekten Zitierens ist die Einbindung des fremden Textes in den eigenen). Lesen Sie bitte die folgenden Originaltexte und vervollständigen Sie dann die Einbindung in den dazugehörenden Klausurtexten:

	Originaltexte	Klausurtexte
a	To be or not to be, that is the question. (William Shakespeare 2005, p. 12)	"To be or not to be" – from the perspective of Shakespeare's Hamlet …
b	The intelligent contradict others, the wise themselves. (Oscar Wilde 1995, p. 45/46)	According to Wilde the wise people question their own thoughts and behaviour whereas …

c	"Don't ask what your country can do for you, ask what you can do for your country." (John F. Kennedy 1980, p. 207)	Kennedy appeals to his countrymen that they …
d	"A man has to do what a man has to do." (saying)	In short: the honest and brave cowboy must …
e	"Always look on the bright side of life." (Monty Python 2003, p. 56)	Even though many people may be having a hard time there is …
f	"We are not amused." (Queen Victoria 2000, p. 300)	The Queen stated …

Aufgabe 18 **Ideensammlung und Strukturierung:** Stellen Sie sich vor, Sie sollen für ein Essay zum Thema „Coffee" Ideen sammeln. Folgende Begriffe könnten das Ergebnis sein:

South America – transfair – black – hot – farmers – caffein – Ethopia – breakfast – milk – morning – sugar – import types – addiction – Kenia – production – plantation – Fairtrade

Versuchen Sie nun, die Schlüsselwörter mithilfe der geeigneten Ordnungsmuster in einer Mindmap zu strukturieren. Fügen Sie ggf. Überbegriffe und weitere Aspekte hinzu.

Aufgabe 19 **Textliche Strukturierung:** Im Folgenden finden Sie Ausschnitte aus einer Klausurantwort zum Thema „Crime in South Africa". Die Absätze gehören entweder zur Einleitung, zum Haupt- oder zum Schlussteil, und Ihre Aufgabe ist es, sie entsprechend zuzuordnen (E für Einleitung, H für Hauptteil oder S für Schluss)

a Rape is amongst the criminal cases that are hardly ever solved. In only 3 % of the rape cases is the culprit found.

b Criminal assaults such as burglary, robbery, rape and murder are part of everyday life and countermeasures such as the strengthening of police forces and increased social welfare have to be taken.

c If yesterday's sad incident in South Africa triggers a process that leads to safer living there is hope for those who have been unaffected so far.

d Three young tourists were killed in a raid in South Africa yesterday which shows that crime is a highly relevant topic of discussion.

e Additionally, better social conditions are necessary to find a solution. If people in the townships stay as poor as they are crime rates will not go down.

f "Unfortunately", claims Peter Ford, chairman of the CapeTown Protection Committee, "rape often brings about HIV infection for victims who are not killed on the spot anyway".

Aufgabe 20 Lesen Sie den folgenden Textausschnitt aus Paul Auster's Roman *Moon Palace* und bearbeiten Sie folgende Aufgaben. Achten Sie dabei auf die Operatoren:

1. Explain what the protagonist reveals about walking the streets of New York.
2. Analyse how the author uses stylistic devices to stress the exceptional situation of the narrator. (Hinweis: Achten Sie auch auf eine korrekte Zitier- und Belegtechnik)
3. "Homelessness is not a disease. It can be avoided". Discuss this statement.

Paul Auster: Moon Palace

I slept in the park every night after that. It became a sanctuary for me, a refuge of inwardness against the grinding demands of the streets. There were eight hundred and forty acres to roam in, and unlike the massive gridwork of buildings and towers that loomed outside the perimeter, the park offered me the possibility of solitude, of separating myself from the rest of the world. In the streets, everything is bodies and commotion, and like it or not, you cannot enter them without adhering to a rigid protocol of behavior. To walk among the crowd means never going faster than anyone else, never lagging behind your neighbor, never doing anything to disrupt the flow of human traffic. If you play by the rules of this game, people will tend to ignore you. There is a particular glaze that comes over the eyes of New Yorkers when they walk through the streets, a natural and perhaps necessary form of indifference to others. It doesn't matter how you look, for example. Outrageous costumes, bizarre hairdos, T-shirts with obscene slogans printed across them – no one pays attention to such things. On the other hand, the way you act inside your clothes is of the utmost importance. Odd gestures of any kind are automatically taken as a threat. Talking out loud to yourself, scratching your body, looking someone directly in the eye: these deviations can trigger off hostile and sometimes violent reactions from those around you. You must not stagger or swoon, you must not clutch the walls, you must not sing, for all forms of spontaneous or involuntary behavior are sure to elicit stares, caustic remarks, and even an occasional shove or kick in the shins. I was not so far gone that I received any treatment of that sort, but I saw it happen to others, and I knew that a day might eventually come when I wouldn't be able to control myself anymore. By contrast, life in Central Park allowed for a much broader range of variables. No one thought twice if you stretched out on the grass and went to sleep in the middle of the day. No one blinked if you sat under a tree and did nothing, if you played your clarinet, if you howled at the top of your lungs. Except for the office workers who lurked around the fringes of the park at lunch hour, the majority of people who came in there acted as if they were on holiday. The same things that would have alarmed them in the streets were dismissed as casual amusements. People smiled at each other and held hands, bent their bodies into unusual shapes, kissed. It was live and let live, as long as you did not actively interfere with what others were doing, you were free to do what you liked.

There is no question that the park did me a world of good. It gave me privacy, but more than that, it allowed me to pretend that I was not as bad off as I really was. The grass and the trees were democratic, and as I loafed in the sunshine of a late afternoon, or climbed among the rocks in the early evening to look for a place to sleep, I felt that I was blending into the environment, that even to a practiced eye I could have passed for one of the picnickers or stroller around me. The streets did not allow for such delusions. Whenever I walked out among the crowds, I was quickly shamed into an awareness of myself. I felt like a speck, a vagabond, a pox of failure on the skin of mankind. Each day, I became a little dirtier than I had been the day before, a little more ragged and confused, a little more different from everyone else. In the park, I did not have to carry around this burden of self-consciousness. It gave me a threshold, a boundary, a way to distinguish between the inside and the outside. If the streets forced me to see myself as others saw me, the park gave a chance to return to my inner life, to hold on to myself purely in terms of what was happening inside me. It is possible to survive without a roof over your head, I discovered, but you cannot live without establishing equilibrium between the inner and outer. The park did that for me. It was not quite a home, perhaps, but for want of any other shelter, it came very close. *(757 words)*

London: Penguin Books, 1989, S. 56–58

4 Textproduktion – Alles auf einen Blick

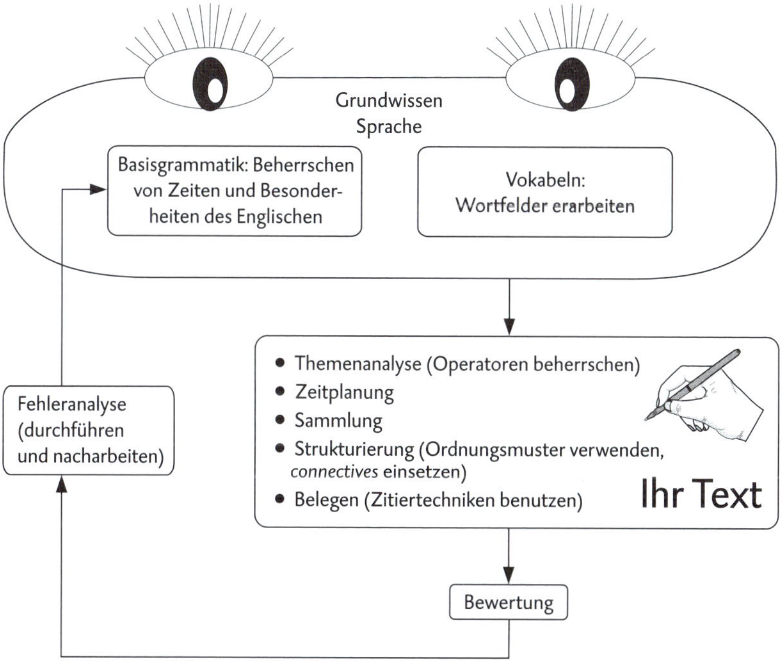

Sprechen • *Speaking*

1 Basiswissen

Die Mündlichkeit spielt im Englischunterricht eine immer größere Rolle und fließt daher auch immer stärker in Ihre Note ein. Um Ihre Sprechkompetenz gezielt zu verbessern sollten Sie nicht nur das folgende Kapitel gut durcharbeiten, sondern auch in Ihrer Freizeit immer wieder auf englische Bücher zurückgreifen. Je mehr Sie in der Fremdsprache lesen und hören, umso besser wird auch Ihr gesprochenes Englisch.

Welche typisch deutschen Aussprachefehler müssen Sie vermeiden?

Vor allem bei der Aussprache sollten Sie unbedingt auf folgende Punkte, die für einen deutschen Sprecher ungewohnt sind, achten:

- „th“: Prägen Sie sich „Theo thinks thoroughly“ als Merksatz ein. Bringen Sie Ihre Zungenspitze beim Nachsprechen an die hintere untere Kante ihrer oberen Schneidezähne, sodass man die Zunge ein kleines bisschen von vorne sehen kann (Spiegeltest!).

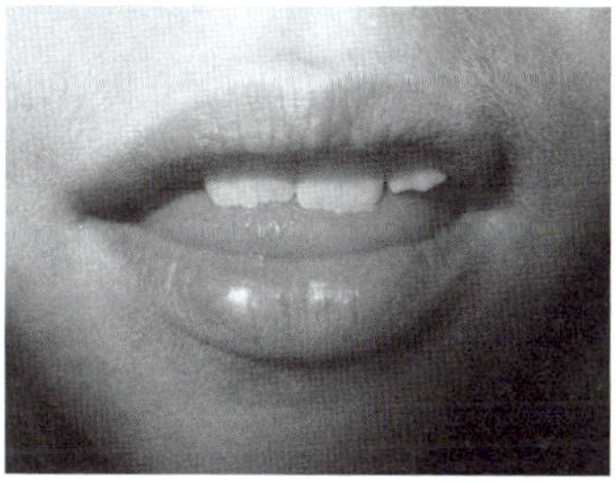

- Unterscheiden Sie, anders als im Deutschen, zwischen „w“ und „v“ (“Vicky and Wicky drive a Volkswagen”). Bitte beachten: Beim Aussprechen des „V“s müssten Ihre oberen Schneidezähne ganz leicht Ihre Unterlippe von oben berühren.

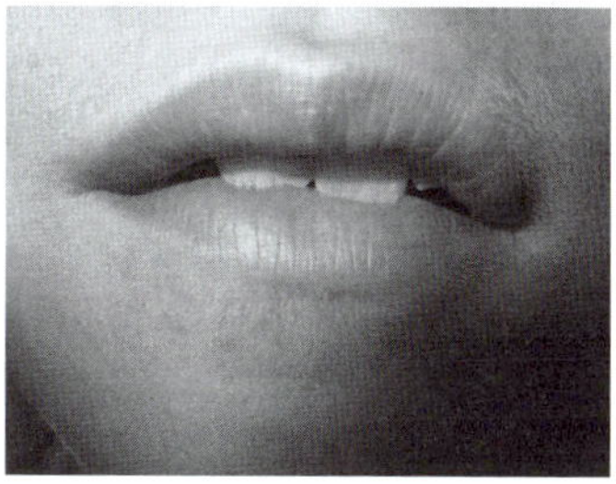

Beim „W“ müssten Sie Ihren Mund so rund formen, als würden Sie ein „U“ aussprechen (im Deutschen würde dieses Wort wahrscheinlich „Volks-uagen“ geschrieben).

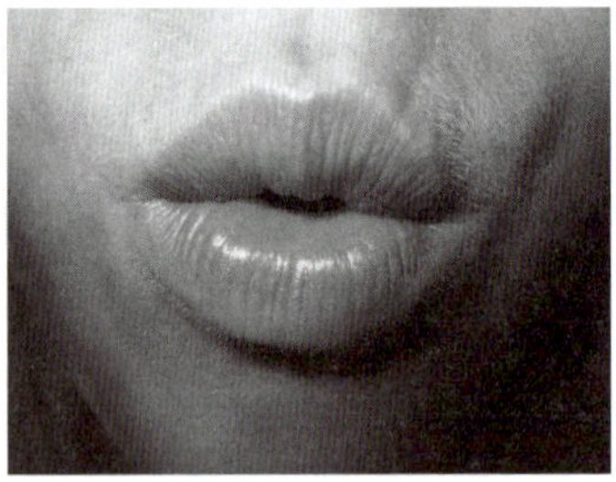

- Auch zwischen „v“ und „f“ sowie „d“ und „t“ unterscheidet ein englischer Muttersprachler genau. Sie müssen nämlich Ihre oberen Schneidezähne bei einem „F“ eher hinter Ihre Unterlippe bringen, statt darüber wie beim „V“. Entscheidend ist es außerdem, dass Sie das „V“ stimmhaft aussprechen, während das „F“ stimmlos bleibt („Flavour Flav loves various vamps“). In der Stimmhaftigkeit des „d“ liegt auch der Unterschied zum „t“ („This foot doesn’t smell of food“).
- Muttersprachler achten zudem auf den Unterschied zwischen einem stimmhaften und stimmlosen „s“ („He’s [z] got a [s] sixpack“).

Track 4

Die Merksätze finden Sie als Hörbeispiele auf der beiliegenden CD (Track 4).

Für ausländische Ohren klingt das Deutsche oft abgehackt. Typisch für englische Muttersprachler dagegen ist es, die einzelnen Wörter miteinander zu verbinden. In der Musik wäre das mit dem Begriff „legato“ gut zu beschreiben. Das Englische zeichnet sich auch durch eine größere Modulation, d. h. Variation der Tonhöhe und Lautstärke aus.
Vergleichen Sie dazu die folgenden Beispielsätze auf der CD.

Do you want to tell me that we could possibly go out together tonight? –
Willst Du mir sagen, dass wir heute zusammen ausgehen könnten?

Sure, but only if you take me into town.
Klar, aber nur, wenn Du mit mir in die Stadt gehst.

Why not? I know an excellent little restaurant in the East end.
Warum nicht, ich kenne ein exzellentes kleines Restaurant im Ostteil.

TIPP

Nutzen Sie englische Sendungen oder Hörbücher zum Nachahmen der Lautmelodie.

2 Methodisches Vorgehen

Nutzen Sie die folgenden Sprachmittel, um in Dialogen auf ihren Gesprächspartner eingehen zu können.

Eine eigene Meinung ausdrücken *(Expressing your opinion)*

Material

I (would) prefer …	Ich würde lieber …
It would be more appropriate to …	Es wäre angemessener …
I think/believe/(would) imagine/ suppose (that) …	Ich glaube (dass) …
I doubt (that) …	Ich bezweifle (dass) …
I'm in favour of …	Ich bin für … / dafür, dass …
I'm sure/certain/positive …	Ich bin sicher …

Andere nach ihrer Meinung fragen *(Asking other people for their opinion)*

What's your opinion (about)/view (on)/ reaction (to)/verdict …?	Was ist deine Meinung zu …? / Was denkst du über …?
How do you see/view/feel about the situation?	Wie siehst du die Situation?
(stark) *What about (i. e the ban on smoking in public places)? Do you think that's right?*	Was denkst du über …? Glaubst du, dass das richtig/in Ordnung ist?
(stark, eine Antwort fordernd) *I suppose you would agree, wouldn't you?*	Du wirst sicher zustimmen, oder?
Du kannst auch Fragen mit Verneinungen stellen, um deinen Gesprächspartner zu einer Meinungsäußerung zu bringen:	
Don't you think that …?	Glaubst du nicht, dass …?
Wouldn't you like to see …?	Würdest du es nicht auch lieber sehen …?
Shouldn't we …?	Sollten wir nicht …?

Zustimmen *(Agreeing)*

I (fully) agree (with you).	Ich bin (ganz) deiner Meinung.
Certainly, yes. / That's for sure.	Ja, natürlich.
That's a splendid idea/suggestion.	Das ist ein guter Vorschlag.

You're (perfectly) right about …	Du hast (absolut) Recht mit …
I fully understand.	Ich verstehe vollkommen.

Widersprechen *(Disagreeing)*

Achten Sie bei den folgenden Ausdrücken bitte unbedingt auf die Höflichkeitsfloskeln.

I'm sorry but I disagree (with you).	Ich bin nicht deiner Meinung.
No, not at all.	Nein, ganz und gar nicht.
Excuse me but I think that's a bad idea.	Das ist kein guter Gedanke/keine gute Idee.
I'm afraid I'm against that.	Ich bin dagegen.
I'm sorry, but you're wrong (about/that …).	Das stimmt nicht.
(stark) *To be perfectly honest: you are totally wrong.*	Um ehrlich zu sein, liegst du völlig falsch.
(stark) *I'm really sorry but I think you don't quite understand (the problem).*	Ich glaube, du verstehst (das Problem) nicht ganz.

Jemanden unterbrechen *(Interrupting someone)*

Could/May I (just) say something, please?	Kann ich bitte etwas sagen?
Excuse me, but …	Entschuldigung, aber …
I don't wish / I'm sorry to interrupt you but …	Ich möchte dich nicht unterbrechen, aber … /Ich unterbreche dich ungern, aber …
I'm sorry, but (I'd just like to say) …	Es tut mir leid, aber …
May I say something at this point?	Kann ich jetzt etwas sagen?
(stark) *That's unbelievable.*	Das ist ja unglaublich.
(stark) *What are you talking about?*	Was erzählst du da eigentlich?/ Wovon redest du eigentlich?
(wütend) *Oh, come on! You don't really believe that.*	Ach, hör auf! Das glaubst du doch wohl selber nicht.
(wütend) *How can you say that?*	Wie kannst du das nur sagen?

Darum bitten, dass etwas wiederholt wird *(Asking for something to be repeated)*

Excuse me, could you say that again/repeat that, please?	Kannst du das bitte noch einmal sagen?
I'm afraid I didn't quite hear/get/understand what you said.	Es tut mir leid, aber ich habe nicht genau verstanden, was du meinst (gesagt hast).
I'm afraid I missed what you were saying (about ...). Could you explain it again/once more, please?	Es tut mir leid, ich habe nicht verstanden, was du (über ...) gesagt hast. Kannst du mir das noch einmal erklären?
I'm sorry you were talking a bit too fast for me – could you say it again a little bit slower/would you mind repeating what you said, please?	Es tut mir leid, du hast für mich etwas zu schnell gesprochen. Könntest du das bitte etwas langsamer wiederholen?

Ein bereits behandeltes Thema aufgreifen *(Returning to an earlier topic)*

If I recollect it correctly you said before that ...	Wenn ich mich recht erinnere, hast du vorhin gesagt ...
You mentioned/talked about ...	Du hast ... erwähnt.
Returning to an earlier point/what you said about ...	Wenn ich noch einmal aufgreife, was du über/zum Thema ... gesagt hast, ...
As you said earlier on ...	Wie du vorhin schon gesagt hast, ...
Can we go back to ... for a minute?	Können wir noch einmal auf ... zurückkommen?
Could we possibly reconsider ...	Könnten wir nochmal darüber nachdenken?

Das Thema wechseln *(Changing the subject)*

We've talked a lot about ... Could we now look at ...?	Wir haben viel über ... geredet. Könnten wir jetzt über ... sprechen?
Could we move on and talk about ...?	Können wir weitergehen und über ... reden?
I suggest that we should really talk about ... too.	Ich denke, wir sollten wirklich auch über ... reden.
Perhaps we should also mention ...	Vielleicht sollten wir auch über ... reden.

Zeit gewinnen (*Playing for time*)

You know ...	Wie du weißt/Sie wissen ...
... actually ...	tatsächlich
... basically ...	grundsätzlich/im Grunde genommen
I mean ...	Ich meine, ...
Well, ...	Mmh ...
To be honest ...	Um ehrlich zu sein ...
Let me see ...	Mmh ...
You mean ...	Meinst du/Meinen Sie ...?
What I mean is ...	Was ich meine, ist ...
Anyway, ...	Wie auch immer ...
Give me a second ...	Einen Moment bitte ...
However ...	Wie auch immer ...
Now, to get back to what I was saying ...	Um auf die Sache zurückzukommen ...
How shall I put it ...	Wie soll ich (es) sagen/ ausdrücken ...
Let me put it this way ...	Ich will es mal so ausdrücken ...
The point is ...that ...	Der Punkt ist, dass ...

Sich auf Inhalt, Aussprache und Grammatik zu konzentrieren fällt oft schwer und Fehler sind vorprogrammiert. Gewinnen Sie durch Füllwörter Zeit zum Nachdenken. Ihr Sprechen wird automatisch authentischer und wirkt ruhiger.

Was muss ich bei einer Präsentation beachten?

Es ist üblich, am Anfang eines Vortrags die Zuschauer zu begrüßen. Nennen Sie danach Ihr Thema und geben Sie eine kurze Inhaltsübersicht. Wenn Sie Ihr Referat beendet haben, denken Sie daran, Fragen zuzulassen und sich für die Aufmerksamkeit zu bedanken.

Die folgenden Formulierungen helfen Ihnen bei der Gliederung ihres Vortrags:

Introduction:

1. *Ladies and gentlemen, I would like to welcome you to this presentation.*
2. *My talk (today) will be about the topic ...*

3. *At the beginning I would like to give you an overview of what I'm going to tell you.*
4. *If you don't understand what I'm saying, you may interrupt me at any time and I can always try to explain it once again.*
5. *The major issue/question we are going to tackle is ...*
6. *The first step will be to give you an insight into ...*
7. *Later we will get deeper into the topic by dealing with ...*

Main part:

1. *The first major aspect we need to take a closer look at is ...*
2. *First/Second/Third ...*
3. *Let me point out that ...*
4. *It's crucial to know ...*
5. *We should keep in mind that ...*
6. *It's an undeniable fact that ...*
7. *The latest statistics prove that ...*

Conclusion:

1. *Finally I would like to sum up the main results in a few sentences. In a nutshell we can say that ...*
2. *My personal conclusion is that ...*
3. *To put it short and sweet ...*
4. *To cut a long story short ...*
5. *Let me conclude by saying that ...*
6. *(Then I would like to say) thank you very much for your attention.*
7. *If you have any questions, I'd be pleased to answer them.*

Versuchen Sie, bei Ihrem Vortrag eine offene Körpersprache zu haben und die von Ihnen erarbeiteten Inhalte möglichst frei vorzutragen: Sie sollten spontan formulieren, können aber durchaus auf Karteikärtchen mit einzelnen Stichpunkten zurückgreifen. Diese Karteikärtchen sollten nur so groß sein, dass Sie bequem in Ihrer Handfläche verschwinden können, und höchstens 5–7 Stichworte enthalten. Nummerieren Sie die Kärtchen sicherheitshalber durch.
Wenn Sie sich für eine Powerpoint Präsentation entschieden haben, sollten Sie zudem folgende Punkte beachten:

- Achten Sie neben der Menge darauf, dass die sprachliche Form konsequent ist (nicht Stichworte, Halbsätze, Fragen etc. mischen).
- Sagen Sie nie genau dasselbe, was Sie geschrieben haben, denn dann achtet das Publikum erfahrungsgemäß nur auf die Folien und nicht auf Sie.
- Halten Sie die Informationen, die sich auf den Folien befinden, auch in Ihrer Hand. Damit vermeiden Sie, dass Sie sich während des Vortrages zur Folien-

projektion umwenden und das Publikum aus den Augen verlieren. Es spricht aber nichts dagegen, wenn Sie über die Schulter auf ein Bild oder eine Tabelle zeigen.

- Die Erstellung von Handouts für Ihre Zuhörer ist sinnvoll, da diese dann nach Ihrem Vortrag eine kurze Zusammenfassung des Gesagten vorliegen haben. Jedoch gilt hier dasselbe wie für die Folien während Ihrer Powerpoint Präsentation. Wenn Sie zuviel auf das Handout schreiben, wird niemand mehr Ihrem Vortrag folgen. Eine Variante wäre, die Handouts erst nach Ihrem Vortrag zu verteilen.

3 Übungen

Aufgabe 21

Track 5

Tongue twister: Ebenso wie im Deutschen gibt es auch bei den englischen Zungenbrechern ein paar echte Klassiker. Versuchen Sie, diese zunächst flüssig vom Blatt zu lesen und nehmen Sie gegebenenfalls in einem zweiten Schritt Track 5 zu Hilfe.

a A box of biscuits, a batch of mixed biscuits.
b Six thick thistle sticks.
c Betty and Bob brought back blue balloons from the big bazaar.
d Swan swam over the sea. Swim, swan, swim! Swan swam back again. Well swum, swan!
e She sifted thistles through her thistle-sifter.
f Peter Piper picked a peck of pickled peppers. Did Peter Piper pick a peck of pickled peppers? If Peter Piper picked a peck of pickled peppers, where's the peck of pickled peppers Peter Piper picked?
g She sells sea shells by the sea shore. The shells she sells are surely seashells. So if she sells shells on the seashore, I'm sure she sells seashore shells.
h How much wood would a woodchuck chuck if a woodchuck could chuck wood? He would chuck, he would, as much as he could, and chuck as much wood as a woodchuck would if a woodchuck could chuck wood.
i Gertie's great-grandma grew aghast at Gertie's grammar.
j While we were walking, we were watching window washers wash Washington's windows with warm washing water.
k A Tudor who tooted a flute tried to tutor two tooters to toot. Said the two to their tutor, "Is it harder to toot or to tutor two tooters to toot?"
l Who washed Washington's white woolen underwear when Washington's washer woman went west?

m Red lorry, yellow lorry, red lorry, yellow lorry.
n Six sick slick slim sycamore saplings.
o Vincent vowed vengeance very vehemently.

ufgabe 22

Track 6

Text vertonen: Die Kurzgeschichte *Delilah's Cat,* die Sie bereits von Seite 22/23 kennen, eignet sich besonders gut zum Vertonen. Versuchen Sie es doch einfach einmal, spielen Sie mit Ihrer Stimme, modulieren Sie und vergleichen Sie dann Ihre Fassung (vor allen Dingen natürlich auch Ihre Aussprache) mit der Beispiellösung, die Sie als Track 6 auf der beiliegenden CD finden.

ufgabe 23

Track 7

Dialog: Hören Sie zu, was die Sprecherin in der aufgenommenen Dialogsituation zu Ihnen sagt und versuchen Sie, in ganzen Sätzen zu antworten. Orientieren Sie sich dabei an den abgedruckten Stichwörtern:

MRS TURNER: Wellington 235. St. Margaret's International Language School. Mrs. Turner speaking.
SVEN: **Vorstellung – mit Herrn Wells sprechen?**
MRS. TURNER: What a pity, he is not in today.
SVEN: **Kann Gesprächspartner helfen? – Abitur drängt**
MRS TURNER: OK, what exactly can I do for you then?
SVEN: **Sprachkurs – Empfehlung durch Freund**
MRS. TURNER: When do you have time, Sven?
SVEN: **Sommerkurs – Ostern auch machbar**
MRS. TURNER: Which of the two would you prefer?
SVEN: **Sommer – Strand am Seminarort**
MRS. TURNER: I think there are hardly any vacancies but maybe talking to one of our bosses could solve the problem.
SVEN: **Weiteres Vorgehen ? Chancen verbesserbar?**
MRS. TURNER: I think that Mr. Wells will probably be able to offer you a place in one of the summer courses but I cannot decide that now. He'll have to come back to you tomorrow.
SVEN: **Wochenende weg – Handynummer?**
MRS. TURNER: Oh, wait a moment, please. No, that won't be necessary. I've just seen that Mr. Wells is here to pick up something he forgot the other day. He'll call you back in a few minutes, Ok? – Bye, it was nice talking to you …
SVEN: **Verbleiben in Nähe von Telefon – Verabschiedung**

Aufgabe 24 Track 8

„One-minute talk“: Versuchen Sie spontan, einen einminütigen Vortrag zum Thema „Handy in der Schule“ zu halten. Nehmen Sie ihren *One-minute talk* auf und vergleichen Sie mit unserem Lösungsvorschlag (Track 8).

4 Sprechen – Alles auf einen Blick

Grundwissen Sprache

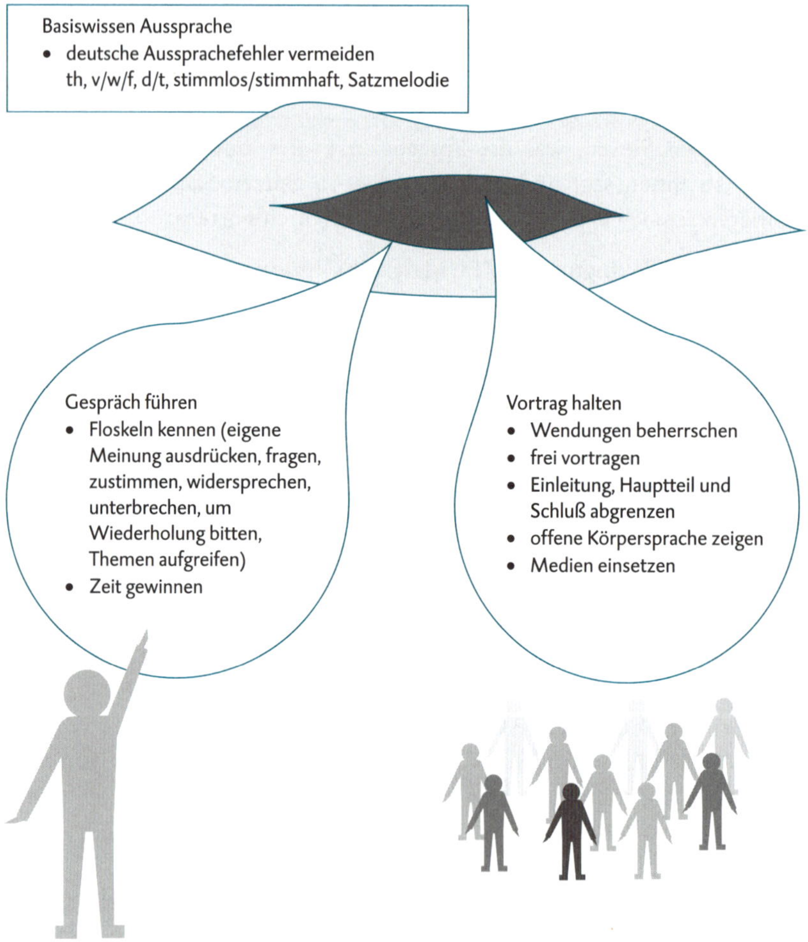

Lösungen • *Key*

1 Leseverstehen • *Reading comprehension*

Aufgabe 1

(Our world) was the marsh country, down by the river, within, as the river wound, twenty miles of the sea. My first most vivid and broad impression of the identity of things, seems to me to have been gained on a memorable raw (*rau, hart, roh*) afternoon towards evening. At such a time I found out for certain, that this bleak (*rauh, öde*) place overgrown with nettles (*Brennessel*) was the churchyard; and that Philip Pirrip, late of this parish, and also Georgiana wife of the above, were dead and buried; and that Alexander, Bartholomew, Abraham, Tobias, and Roger, infant children of the aforesaid, were also dead and buried; and that the dark flat wilderness beyond the churchyard, intersected with dykes and mounds and gates, with scattered cattle feeding on it, was the marshes; and that the low leaden line beyond, was the river; and that the distant savage lair from which the wind was rushing, was the sea; and that the small bundle of shivers growing afraid of it all and beginning to cry, was Pip.

setting: bleak

- catchword
- *parallel sentence structure*
- *introspection into protagonist vs. distance*

Aufgabe 2

Analytical reading: 1, 6, 7, 9	Emotional reading: 4, 8, 10
Reading for gist: 2, 11, 13	Reading for detail: 3, 5, 12

Aufgabe 3

Stilmittel	Fund-stelle	Zitat/ Textauszug	Erklärung	Funktion des Stilmittels an dieser Stelle
personification	5	"too hot the eye of heaven shines"	heaven appears to be a cruel person with the sun as a glowing eye	it shows that the speaker considers nature less perfect than the woman he adores
anaphoric construction	6/7	"And often […] And every […]"	the word "and" is repeated to enumerate the negative aspects of nature	the stylistic device expresses that nature is just as imperfect in many ways
alliteration	7	"every fair from fair"	the letter f is repeatedly used to stress the connection between the words "fair" and "from"	the alliteration shows that the loss of beauty is an inevitable process
anaphoric construction	10/11	"Nor lose […] Nor shall Death brag […]"	the word "nor" is repeated to enumerate different aspects of deterioration	it stresses that the woman he loves does not fade (because of the poem)
symbol	11	"his shade"	the shade symbolizes the dark side of death and that it is naturally there - just like a shade	it enhances the impression that no human being can flee from the sad impact of nature
chiasm	14	"So long lives this and this gives life to thee"	the sentence structure is inverted to show that the poem has a long "life" and that it gives "life"	the stylistic device expresses that the poem is linked to "life" in two different ways – it has an eternal life and it gives an eternal life

Aufgabe 4

Abrupt beginning	Rising action	Climax	Falling action	Open/Happy ending
The womanizer Sam explains his preference for Harry's bar in the summer; Tick the bartender is introduced.	Sam and Tick do "the old Bond thing", which they used to do to get attention. Delilah's glass shatters, Sam realises her.	Tick gives Sam a sign that Delilah is worth chatting to. Sam walks over to Delilah; starts talking about her lost cat; he has the feeling that he will be successful.	Delilah and Sam are about to leave the bar together; Tick is off already and Sam is afraid that the other barman will make a nasty comment.	They finally leave, accompanied by the indiscreet bartender's statement.

Aufgabe 5

	Sam	**Delilah**
seeming (as presented by the first person narrator)	the role – model of a real man: • claiming to have the "license to kill" • sexually uninhibited • talking eloquently • feeling superior	the archetype of a good girl: • shy and not used to alcohol • warm and heartful • feeling helpless (cat I) • holding out for a hero
being (as insinuated by the author and finally revealed)	an outdated macho: • clinging to traditional role clichés • overcome by female strength • falling like Samson ("Sam"/"son")	a men hunter: • acting cleverly and soberly • pretending • sexually uninhibited (cat II)

Aufgabe 6 **Emotion**

I consider it a very emotional moment when she starts to cry.
It impressed me very much that Delilah wasn't so weak after all.
It creates a strong feeling of happiness that women can trick men so easily.
It's outrageous that he doesn't have a clue what is going on.

Identification

I could feel for both characters because I know how hard it is to find a new partner.
I could easily identify with Delilah because she is so guileful.
It reminds me of Andrea that all the men fall in love with her easily.
I had similar experiences when men always try the same old tricks such as the Bond thing.

Aufgabe 7 **Charles Dickens "Great Expectations"**

Zu 3. (Why are **age differences** an important aspect of the text?)

[...]

'Hold your noise!' cried a terrible voice, as a man started up from among the graves at the side of the church porch. 'Keep still, you little devil, or I'll cut your throat!'

A fearful man, all in coarse grey, with a great iron on his leg. A man with no hat, and with broken shoes, and with an old rag tied round his head. A man who had been soaked in water, and smothered in mud, and lamed by stones, and cut by flints, and stung by nettles, and torn by briars; who limped, and shivered, and glared and growled; and whose teeth chattered in his head as he seized me by the chin.

Edwina Dakins "My Baby's Bracelet"

Zu 2. (Why is the **contrast between night and day** important for the text?)

BABY. *(sings)* In the darkest night, no one goes, no one knows.

HUTSON. *(Hutson comes up to the porch and takes a seat)* Bright day for business my darling. The weather is beautiful. I told them farmhands off already. Talkin' and idling the day away. Nelson is so damn' lazy ... How on earth will we get some money out of this rotten place? All this racial equality shit – but who pays the bills? It's me, not Nelson ... *(then imitating a preacher)* ... we shall overcome.

BABY. Mr. Nelson is a fine guy.

Martin Forbes "Delilah's Cat"

Zu 4. (In what **season** is the text set and why?)

They were all away for the day. Indeed it is better to spend such a scorcher in the sun – out on the Keys and catching either tan or tuna. Some stay white though. Absolutely successless. I really, really hate those pale girls, that is if a real man can hate girls at all. That was the prime reason why I preferred Harry's Bar in early spring. Tick smiled: "Hi, Sam, what about that old Bond thing again?", he asked as I entered the empty room. [...]

William Shakespeares Sonnet XVIII

Zu 5. (Which role does the **elapse of time** play in the text?)

Shall I compare thee to a summer's day?
Thou art more lovely and more temperate:
Rough winds do shake the darling buds of May,
And summer's lease hath all too short a date:
Sometime too hot the eye of heaven shines,
And often is his gold complexion dimm'd;
And every fair from fair sometime declines,
By chance or nature's changing course untrimm'd;
But thy eternal summer shall not fade
Nor lose possession of that fair thou owest;
[...]

Daniel Defoes "Robinson Crusoe"

Zu 1. (In which way does the **record of time** help human beings?)

[...]

After I had been there about ten or twelve days, it came into my thoughts that I should lose my reckoning of time for want of books, and pen and ink, and should even forget the Sabbath days; but to prevent this, I cut with my knife upon a large post, in capital letters – and making it into a great cross, I set it up on the shore where I first landed – "I came on shore here on the 30th September 1659."

Upon the sides of this square post I cut every day a notch with my knife, and every seventh notch was as long again as the rest, and every first day of the month as long again as that long one; and thus I kept my calendar, or weekly, monthly, and yearly reckoning of time.

Aufgabe 8
1 narrative element
2 evaluating element
3 reporting element
4 evaluating element
5 narrative element (erkennbar an Schilderung der „Himalayas“)
6 evaluating element
7 reporting element
8 reporting element
9 narrative element (erkennbar an den Schilderung der Diskussionen)
10 evaluating elements

Aufgabe 9

a 1. (quantifiziert die Hauptaussagen), 5. (klärt das Thema, aber bietet keine weiteren Infos), 4. (geht auf wichtigen Trend ein), 3. (benennt Besonderheiten), 2. (geht auf einen Nebenaspekt ein)

b

1	2	3	4	5
D	E	C	A	B

c 1. (bietet eine sinnvolle Gesamterklärung), 4. (sinnvolle Erklärung eines wichtigen Teilaspekts), 3. (richtig gekennzeichnete Vermutung), 2. (gewagte, nicht gekennzeichnete Vermutung), 5. (eher falsche, nicht gekennzeichnete Vermutung)

Aufgabe 10

- **topic:** the title „Hat Dance“ ironizes the rough business life in the USA
- **in the centre:** a Mexican immigrant who represents “cheap immigrant labour” is pressed down on the floor. He can be recognised by his traditional Mexican hat and his poncho
- **in the upper right corner:** a white businessman in a black suit dances happily on the Mexican’s hat. He carries a bag and has a flower in his mouth
- **coulours:** –
- **message:** the carrying capacity of the hat is grossly exaggerated which shows that the Hispanic immigrants (legal and illegal ones) are heavily exploited by ruthless entrepreneurs, there is no chance to overcome to nasty situation because the “US business lobby” is too strong

Aufgabe 11

A: The pun in the slogan is hard to understand instantly and thus makes the customer curious.

I: The sheer variety of goods creates interest because it appeals to the "hunter and gatherer"-instincts. The hope that the short legends will help you to find your belongings is encouraged.

D: The prices are printed in bold letters because that insinuates that buying the advertised goods now is a very special occasion.

A: The IKEA logo is enough to indicate where you can buy the furniture because the company's sale outlets are well known. Additionally opening times and an address are stated in the lower right corner.

2 Hör- und Sehverstehen • *Listening and viewing comprehension*

Aufgabe 12

Track 1

Sprecher 1: Ireland, Dublin

Transcript:

INTERVIEWER: Could you introduce yourself, please?

INTERVIEWEE: Yes. My name is John Lumsden, I come from [...], from the capital city of [...], I have a science degree and I work in Martinsried, which is just outside Munich as a biotechnologist for a biotechnology company. [...]

INTERVIEWER: Is there, is there, or are there any expressions in [...] that are different to what one would say normal [...]? Are there any, sort of, local expressions, for example?

INTERVIEWEE: I try to think of a few. I think, people say "What's the story?" for like "What's going on?", they, they have, they have like sayings like this, different, different words they use, you know, which other English people mightn't understand. So, that's all, that's the only one I can think of.

INTERVIEWER: And in [...] are there very many differences in accents or dialects?

INTERVIEWEE: There's no differences in dialects but there are differences in accents. Country people for example have different accents to city people and people from the north may have different accents to people in the south. [...]

Sprecher 2: New Zealand, Southern part

Transcript:

INTERVIEWER: Could you introduce yourself please to us.

INTERVIEWEE: Yeah, my name is Andrew, 27, living in Munich at the moment, I've done sort of a few things, started off as a mechanic, then became a skipper and in Munich I've ended up, I'm now a teacher.

INTERVIEWER: Aha, so quite a long way round to Germany. How did you actually ..., why did you end up in Germany?

INTERVIEWEE: I met a girl. I ended up in Germany – yeah, I met a girl on a train in Scotland and I went off somewhere else and we kept in contact, caught up again later on stage and ended up together and so now I am in Munich.

INTERVIEWER: OK, talk a little bit about language, in your country, do you have a standard form of English?

Interviewee: [...] We do of course have – we speak differently from the English, we do have things that we say which are, I don't know, but more native to us, if you like.

INTERVIEWER: Could you give us an example?

INTERVIEWEE: Little bits of slang that we've got: "She'll be right", "No worries, mate", "Give us a go". When I address a group of people whether there are guys or girls and they all tend to call everybody "How're you guys?" which is something that is the kind of the norm back home even if it's a group of girls, you're still, it's a, you are a group of guys.

Sprecher 3: USA, Washington D.C

Transcript:

INTERVIEWER: Could you tell me your name please and where you're from and a little about yourself?

INTERVIEWEE: Sure, my name is Margaret Barse and I am from [...] and I'm thirty years old and I'm here in Germany for one year on a Fulbright scholarship.

INTERVIEWER: OK, that's why you are in Germany. What exactly do you do here then?

INTERVIEWEE: In Germany. I received a Fulbright in journalism scholarship, for, for one year, one year here. And the scholarship entails some classes, taking classes and my own research project. My background, my professional background is in journalism, in video journalism with an emphasis on environmental and science themes.

INTERVIEWER: OK. One of the reasons for this interview is about language and what I would like to know is, is there a standard form of English in your own country one that you would say, OK this is normal, this is ...?

INTERVIEWEE: I don't, well I don't think that you can necessarily compare. In Germany there is a *Hochdeutsch*, in English, I don't know necessarily, you can say that, I think there is British English, there's, you know, the Queen's English and in [...] I don't think you have such a thing. There's no, there's different regional accents but I don't think there is one, sort of, overall standard, we don't have that [...].

I just, I don't think that there's, that's defined quite so succinctly as in England or in Germany, perhaps. [...]

INTERVIEWER: Has your view of your home country changed, do you see it in a different sort of perspective?

INTERVIEWEE: Oh, sure. Yes, ... and I think if I can say that is one of the things, if someone has the opportunity to live in another country I think they should go for it, they should, they should definitely do it. Because you get a perspective you would never get otherwise. If you never leave your country you'll never, there's certain things you won't get – you'll definitely get a different perspective from moving.

(Anm. des Autors: Tatsächlich gibt es auch in den USA eine Standardform, das sog. „Standard American", allerdings hat sie eine geringere soziale Bedeutung als z. B. Hochdeutsch oder die englische „Received Pronunciation").

Aufgabe 13 Transcript: **Al Gore's Nobel Prize Lecture, Oslo, 10 December 2007**

Track 2

Your Majesties, Your Royal Highnesses, Honorable members of the Norwegian Nobel Committee, Excellencies, Ladies and gentlemen.

I have a purpose here today. It is a purpose I have tried to serve for many years. I have prayed that God would show me a way to accomplish it. [...]

The distinguished scientists with whom it is the greatest honor of my life to share this award have laid before us a choice between two different futures – a choice that to my ears echoes the words of an ancient prophet: "Life or death, blessings or curses. Therefore, choose life, that both thou and thy seed may live."

We, the human species, are confronting a planetary emergency – a threat to the survival of our civilization that is gathering ominous and destructive potential even as we gather here. But there is hopeful news as well: we have the

ability to solve this crisis and avoid the worst – though not all – of its consequences, if we act boldly, decisively and quickly.
However, despite a growing number of honorable exceptions, too many of the world's leaders are still best described in the words Winston Churchill applied to those who ignored Adolf Hitler's threat: "They go on in strange paradox, decided only to be undecided, resolved to be irresolute, adamant for drift, solid for fluidity, all powerful to be impotent."
So today, we dumped another 70 million tons of global-warming pollution into the thin shell of atmosphere surrounding our planet, as if it were an open sewer. And tomorrow, we will dump a slightly larger amount, with the cumulative concentrations now trapping more and more heat from the sun.
As a result, the earth has a fever. And the fever is rising. The experts have told us it is not a passing affliction that will heal by itself. We asked for a second opinion. And a third. And a fourth. And the consistent conclusion, restated with increasing alarm, is that something basic is wrong.
We are what is wrong, and we must make it right. [...]
In the last few months, it has been harder and harder to misinterpret the signs that our world is spinning out of kilter. Major cities in North and South America, Asia and Australia are nearly out of water due to massive droughts and melting glaciers. Desperate farmers are losing their livelihoods. Peoples in the frozen Arctic and on low-lying Pacific islands are planning evacuations of places they have long called home. Unprecedented wildfires have forced a half million people from their homes in one country and caused a national emergency that almost brought down the government in another. Climate refugees have migrated into areas already inhabited by people with different cultures, religions, and traditions, increasing the potential for conflict. Stronger storms in the Pacific and Atlantic have threatened whole cities. Millions have been displaced by massive flooding in South Asia, Mexico, and 18 countries in Africa. As temperature extremes have increased, tens of thousands have lost their lives. We are recklessly burning and clearing our forests and driving more and more species into extinction. The very web of life on which we depend is being ripped and frayed.
We never intended to cause all this destruction, just as Alfred Nobel never intended that dynamite be used for waging war. He had hoped his invention would promote human progress. We shared that same worthy goal when we began burning massive quantities of coal, then oil and methane. [...]
Indeed, without realizing it, we have begun to wage war on the earth itself. Now, we and the earth's climate are locked in a relationship familiar to war planners: "Mutually assured destruction."

More than two decades ago, scientists calculated that nuclear war could throw so much debris and smoke into the air that it would block life-giving sunlight from our atmosphere, causing a "nuclear winter." Their eloquent warnings here in Oslo helped galvanize the world's resolve to halt the nuclear arms race.

Now science is warning us that if we do not quickly reduce the global warming pollution that is trapping so much of the heat our planet normally radiates back out of the atmosphere, we are in danger of creating a permanent "carbon summer."

As the American poet Robert Frost wrote, "Some say the world will end in fire; some say in ice." Either, he notes, "would suffice."

But neither need be our fate. It is time to make peace with the planet. [...]

The way ahead is difficult. The outer boundary of what we currently believe is feasible is still far short of what we actually must do. Moreover, between here and there, across the unknown, falls the shadow.

That is just another way of saying that we have to expand the boundaries of what is possible. In the words of the Spanish poet, Antonio Machado, "Pathwalker, there is no path. You must make the path as you walk."

We are standing at the most fateful fork in that path. So I want to end as I began, with a vision of two futures – each a palpable possibility – and with a prayer that we will see with vivid clarity the necessity of choosing between those two futures, and the urgency of making the right choice now.

The great Norwegian playwright, Henrik Ibsen, wrote, "One of these days, the younger generation will come knocking at my door."

The future is knocking at our door right now. Make no mistake, the next generation *will* ask us one of two questions. Either they will ask: "What were you thinking; why didn't you act?"

Or they will ask instead: "How did you find the moral courage to rise and successfully resolve a crisis that so many said was impossible to solve?"

We have everything we need to get started, save perhaps political will, but political will is a renewable resource.

So let us renew it, and say together: "We have a purpose. We are many. For this purpose we will rise, and we will act."

Sinnabschnitte	Substantive	Verben
• address	Majesty etc.	
• target	Gore	has a purpose
• basic question	2 futures (life or death?)	choose
• call for action	hesitant people	must act
• signs of catastrophy	• e. g. people in Arctic	evacuated
	• storms	threaten cities
• decisive fork in path	• path	must be made
	• next generation	will ask questions
• appeal	we	will act

Aufgabe 14 Transcript: **Martin Forbes: „Destination“**

Track 3

The bus was moving slowly towards the stop at the very end of Baker Street. As usual Jonathan Parker, the leading executive manager of GW Spirits, stood up from his dirty seat at the rear and left without saying goodbye – and no one got on. The driver was about to close the doors again when a young man waved from a distance and ran energetically towards the bus. He looked slightly Arabic and when he entered everybody stared at him. There had been a lot of Muslim suicide attacks lately – everybody was glad when they realized that it was just Chouki, who usually boarded the bus two stops before.

Why are you getting on here, mate?" Martin asked. He was a rather fat and curious bloke who kept pestering all the others with his inquisitive questions and indiscreet revelations, which were even more disturbing than his greasy hair that hung down to his shoulders. Chouki was surprised because Martin had never talked to him before: "I would say that is none of your business, isn't it?" he replied in a rather cool but friendly way. "Leave him alone, Martin", the bus driver said, but Martin couldn't be stopped. "Have you got a new girlfriend?" he continued. "Is she English?" The others were already slightly annoyed, embarrassed about Martin or simply disturbed by the talk that intruded upon their daily routine.

Nobody expected Chouki to answer Martin's weird questions, but it was strange that he said nothing at all. After a while Chouki seemed to become nervous and Martin had a smile on his face: "Why are you so nervous, mate?" he asked and the others took increasing interest in the matter. "Is she married?" Chouki played with the ends of his plastic bag. "Oh God, Martin, shut up! Everybody gets nervous when YOU talk to him," the bus driver said. Martin changed his tactics and stopped talking for a while. For Chouki the silence was just as unbearable.

At the next stop Martin suddenly started all over again. "There is something wrong with him today, don't you think?" he said to his neighbour, who nodded imperceptibly – just to get rid of Martin and because she was too tired to give him a reproach. She looked at Chouki, who became slightly red in the face. "Why are you looking at me?" he said and firmly gripped his plastic bag. Everybody could see how Chouki's knuckles turned white and bloodless. "You've never had a plastic bag with you before," Martin said and some of the others nodded, even though they had not intended to follow the conversation in the first place. The bus driver turned round and cast a quick look at the Arabian bloke.

At the next moment Martin thought about the recent suicide attacks and started to panic. His smile was gone. "I fuckin' asked you what was in your plastic bag." The Arab just stared at him. Martin jumped up from his seat and grabbed his arm. The Arab did not defend himself. He stiffened so that Martin could not move his arm and look into the bag. "Gimme me that bag," he shouted, "you fuckin' Arab." He hit him.

Nobody realized that in the meantime the driver had stopped the bus at the pavement of Green Park – just two stops before Buckingham Palace. Martin hit the Arab again. The bus driver jumped towards the two men and started shouting, too. "Let him go, you fuckin' bastard," he yelled and pushed Martin back into his seat. Martin was surprised. "Now, if you stand up again I'll call the police," the bus driver said in a threatening voice: "Chouki has paid the same fare as you, pays the same taxes, was born in the same town and has the fuckin' right to carry whatever he wants to carry." The driver started sweating. "Listen, Martin. He supports the same football club as you, and he loves his kids just like you – only that he knows who they are, and he is a nice guy, which is another difference to you." Martin wanted to say something but the driver was quicker: "This man is just as English as you and he is not a suicide bomber and if you don't want to share this bus with him you'd better go." The driver opened the door.

Chouki had listened carefully and suddenly looked sad. Without a word he took his plastic bag and ran out of the bus. He quickly disappeared into the park, away from all people that could pester him – he seemed to be hiding from something. The bus driver and Martin looked at each other when

Chouki's bomb exploded at a distance. Outside there was a huge fireball. "Damn it," Martin shouted and started to cry, "I was bloody right." He looked at the bus driver, who simply shook his head. Some of the others understood.

1 b; 2 a; 3 b; 4 a; 5 d; 6 c

Aufgabe 15 The picture is a normal shot from the film "Volver". The field size enables the viewer to survey a family scene at a dinner table.
A middle-aged man with grey hair is standing right in the middle of the screenshot and dominates the scene. Taking him as a point of reference we can asses that the camera is at eye-level.
The man is behind the layed-out table and has a conversation with a young man who is sitting at the lower right of the photograph. The older man uses his hand for a vivid gesture and looks upset. There are three young ladies gathered around the table and the two of them who face the audience look at the young gentleman as well. They seem to be surprised and do not say a word. They seem to be in a inferior position because the camera shows them from a slightly elevated position. The food on the plates is untouched, which insinuates that something unexpected is happening.
In the background we can see technical equipment such as two huge lamps or radiant heaters in the upper part of the picture.

3 Schreiben • *Writing*

Einfache Vergangenheit *(simple past)*	**Vollendete Gegenwart *(present perfect)***	**Einfache Gegenwart *(simple present)***	**Verlaufsform der Gegenwart *(present progressive)***	**Futur I *(will- future)***	**Futur I *(going to-future)***
We ate the cake yesterday.	*We have eaten the cake already.*	We usually eat cake at about 4 o'clock.	Munch, munch … I'm eating cake right now.	I think I'll eat cake at Granny's house tomorrow.	I'm going to eat some cake Sunday.

I drank milk when I was a little child.	I've drunk milk before (and this milk is definitely sour).	*I usually drink milk.*	I'm drinking milk, can't you see that?	I suppose I'll drink milk at the farm.	Sure I'm going to drink milk (when we are at the milk bar).
(See that photograph ?) She played the guitar in 1999.	She has played the guitar for 5 years now (and she has been successful for 2 years).	She plays the guitar whenever she likes to.	*She is playing the guitar now.*	I think she'll play with PInk next spring.	(I know what she is up to) she is going to play the guitar tomorrow.
The sun shone last Friday.	The sun has shone for 3 weeks now (– when will it rain again?).	The sun shines a lot in Osnabrück.	(Get your sun cream) … the sun is shining.	*The forecast is great - the sun will shine tomorrow.*	--- (Zeitbildung ist nicht möglich, weil es keinen entsprechen den Plan geben kann)
Verwendung von Zeitformen					
Diese Zeitform wird verwendet, wenn: • Dinge zu einem bestimmten Zeitpunkt in der Vergangenheit stattgefunden haben	Diese Zeitform wird verwendet, wenn: • Handlungen oder deren Auswirkungen aus der Vergangenheit bis in die Gegenwart hineinreichen	Diese Zeitform wird verwendet, wenn: • wir Gewohnheiten oder wiederkeh rende Handlungen beschreiben • wir allgemeine Aussagen machen	Diese Zeitform wird verwendet, wenn: • wir Dinge beschreiben, die gerade stattfinden	Diese Zeit form wird verwendet wenn: • wir Handlungen, die wahrscheinlich in der Zukunft stattfinden werden, beschreiben	Diese Zeitform wird verwendet, wenn: • wir Pläne für die Zukunft beschreiben wollen

	• der Zeitpunkt einer vergangenen Handlung unbekannt und unwichtig ist			• Hoffnungen oder Erwartungen, die wir nicht persönlich beeinflussen können, darstellen	
Signalwörter als Erkennungszeichen der Zeit					
Signalwörter: z. B. yesterday, last year, last week, one month ago, etc.	Signalwörter: z. B. already, yet, since, for, ever	Signalwörter: z. B. usually, normally, often, sometimes, never	Signalwörter: z. B. now, at the moment	Signalwörter: z. B. next year, in two months, in three years, in 2050	

Aufgabe 16

a Falle „Artikel"

SON: Success is not as important as love, Daddy … at least playing the guitar has won me the love of an intelligent beauty. Who wants to be a star?

b Falle „If-Satz"

FATHER: Well, well. But if you could play the guitar as heartily as Eric Clapton you would also have enough money for your own butler. Freedom, finally.

c Falle „Zeiten der Vergangenheit"

SON: Talking about a butler. Yesterday I had to pay James for my lesson. He asked me for money straightaway after he had helped me with English.

FATHER: Mmmh.

d Falle „Zeiten der Gegenwart"

SON: I study a lot, but as much as I'm studying now, I've never studied before.

FATHER: Mmmmmmmh.

e Falle „Zeiten der Zukunft"

SON: If I pass my A-levels the way to freedom won't be long.

FATHER: However, first take out my golf kit. I'm going to play Carl at 10 o'clock tomorrow.

Aufgabe 17

a "To be or not to be" – from the perspective of Shakespeare's Hamlet "that is the question" (2005, p. 12).

b According to Wilde the wise people question their own thoughts and behaviour whereas "the intelligent contradict others" (1995, pp. 45/46).

c Kennedy appeals to his countrymen that they should not "ask what (their) country can do for (them but) ask what (they) can do for (their) country" (Kennedy 1980, p. 207).

d In short: the honest and brave cowboy must "do what a man has to do" (saying).

e Even though many people may be having a hard time there is the chance to "look on the bright side of life" (Monty Python 2003, p. 56).

f The Queen stated that she/they "was/were not amused" (Queen Victoria 2000, p. 300).

Aufgabe 18

A

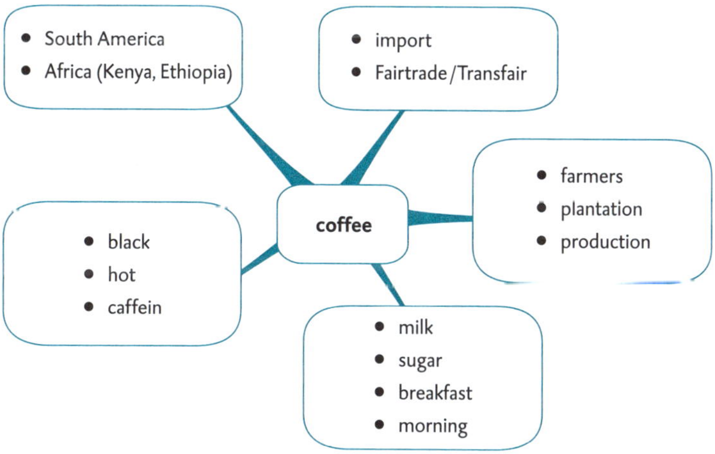

B

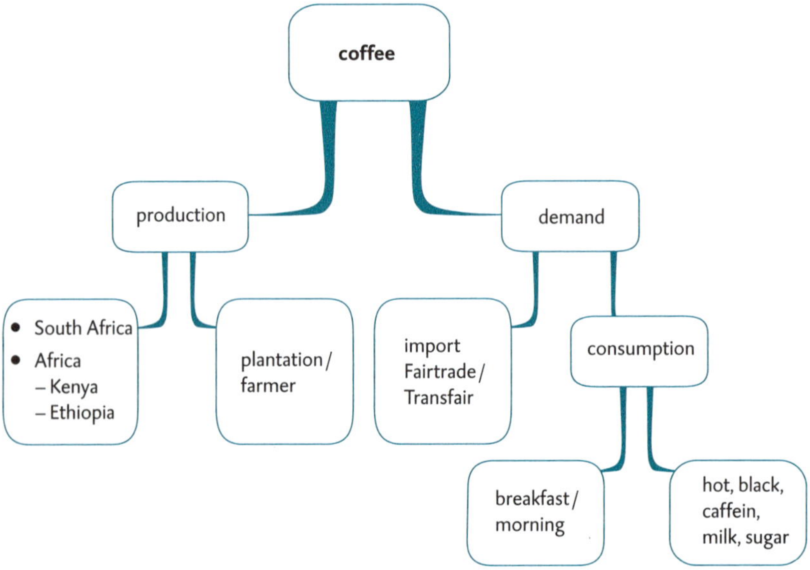

C

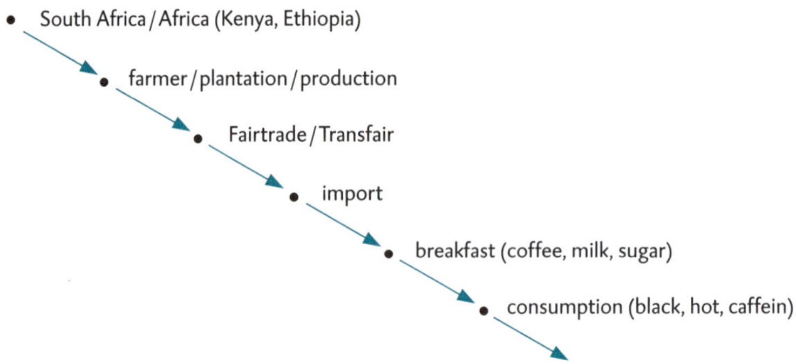

Aufgabe 19

a **Hauptteil:** Detailinformationen zu einem Teilaspekt („rape").

b **Einleitung:** Hauptthese ("In SA crime is part of everyday life") und Überblick über relevante Teilaspekte (Formen der Kriminalität und Gegenmaßnahmen), mit denen sich der Hauptteil noch genauer beschäftigen wird.

c **Schluss:** Ausblick mit Rückbezug zum Aufhänger des Artikels.

d **Einleitung:** Aufhänger für den Artikel (Anlass zur Beschäftigung mit dem Thema).

e **Hauptteil:** Info zum Aspekt „Social welfare", laut Einleitungssatz der letzte Aspekt, mit dem sich der Hauptteil beschäftigen wird.

f **Hauptteil:** Detailinfo zu den Aspekten „rape" und „murder".

Aufgabe 20

1. To the first person narrator the streets of New York have a strict "protocol of behaviour" (l. 7) – the dos and don'ts of urban life.

   Einleitung
   Hauptaussage und Vorgliederung in Stichworten (möglichst knapp und präzise)

   According to those rules, wearing odd clothes or shirts with "obscene" (l. 14) writing is perfectly accepted, as well as the (seemingly) natural negligence of those who have joined the human traffic on the sidewalk.

   Hauptteil
   Differenzierung der Do's (Achten Sie auf Textbelege!)

   In contrast, any strange gestures, looks or actions must be avoided by all means. From the narrator's perspective New Yorkers are especially alarmed by passers-by who talk to themselves, scratch their (dirty) bodies, or do not walk straight, or not at the same pace as themselves. Holding yourself at the walls of a skyscraper – as the narrator reveals in line 20 – or staring at others may even trigger hostile reactions from people who feel disturbed in their daily routine.

   und der Don'ts (Hier wird durch das Connective zuerst der Gegensatz hergestellt, dann der Hauptaspekt zusammengefasst, um ihn anschließen zu erläutern.)

   Da die Aufgabe nicht besonders komplex ist, kann auf den zusammenfassenden Schluss verzichtet werden.

2. The author shows the exceptional situation of the narrator by means of the setting, by stylistic devices such as catch-phrases, if-clauses, metaphorical language, and by the use of the narrative technique.

   Einleitung
   Hauptaussage und gleichzeitig Überblick über die Textgliederung wird vorangestellt.

   The fact that the narrator lives in Central Park mirrors the loss of social acceptance even though the good sides of staying there are explained, too. For example, the sheer size (ll. 2/3) symbolizes the solitude, the wilderness and the open horizons that can (paradoxically) be found within the heart of an American metropolis.

   Hauptteil
   Erster Aspekt: Setting

   (Bei der Analyse müssen Sie vor allem die mögliche Funktion der Mittel erläutern.)

   The feeling of freedom that arises from this is also stressed by the catchphrase "live and let live" (l. 33) that serves to sum up the attitude of the park's visitors towards each other. People accept other people and while staying in the park everybody seems to have infinite options in his life. The if-clause constructions in the first paragraph further the idea that Central Park offers many different ways of spending one's time: for the narrator it offers, above all, refuge.

   Zweiter Aspekt: catchphrase

   Dritter Aspekt: if clauses

   (Hier sollten Sie z. B. auf die Vielfalt der Möglichkeiten eingehen, die durch den if-Satz betont werden.)

For him it is a world that is fair to everybody and this is underlined by the personification of the trees. The park is a truly "democratic" environment, which is otherwise lost for the protagonist.

Vierter Aspekt: metaphorical language, hier: personification

(Verwenden Sie Fachbegriffe!)

Even though the narrator claims that he has found an equilibrium between inner and outer world, the metaphorical language in the excerpt reveals that he has a strong feeling of being inferior – a "pox of failure on the skin of mankind" (l. 43). He is a disease and he will be getting worse.

Hier: metaphors (Erläutern Sie genau, wie einzelne Bilder funktionieren.)

Accordingly the process of decline may not only lead to a loss of his "Moon Palace" but also of his self, which is revealed by an introspection into the protagonist. "I knew", the first person narrator admits "that a day might eventually come when I wouldn't be able to control myself anymore" (ll. 23/24). However, this development will take place gradually and imperceptibly. Life will go down "a little" (l. 44) and again "a little", as the anaphorical sentence structure shows in lines 44/45.

Fünfter Aspekt: narrative technique (Belegen Sie auch die Behauptungen über die Erzählperspektive mit Zitaten.)

(Versuchen Sie, das Zusammenspiel verschiedener Stilmittel zu ergründen.)

The special status of the protagonist becomes visible in his inner struggle for truth - whenever he admits that he is about to lose everything he is a reliable narrator.

Schluss

Hier wird der Inhalt des Textes vor dem Hintergrund des letzten Aspekts zusammengefasst.

3. The question of whether a homeless person is fully responsible for his fate must be viewed from a social and a personal perspective.

Einleitung

Aufgreifen der Diskussionsfrage und Vorgliederung

On a social level, processes of deterioration and loss can quickly turn out to be vicious circles. Once people lose their jobs and are short of money, they may also lose their self-confidence. Their positive appearance and their smile go quickly and they are soon rejected by their friends and family.

Hauptteil

Erster Aspekt: Social level

(Hier beginnen Sie, die Argumente in der Diskussion abzuwägen.)

The homeless are however free to take personal countermeasures at any time: they can look for another job, even though it may be less well paid; they can stop spending money on useless things and sell some of

Zweiter (entgegengesetzter) Aspekt: Personal level

Versuchen Sie, Stilmittel der Überzeugung zu ver-

their belongings. They can try to remember that life has to offer so much and that they do not depend on the approval of others.

wenden. (Hier: Vielfalt an Optionen wird durch parallele Konstruktion betont.)

Instead of giving in by seeking refuge such as in the excerpt given or by actively escaping into a world of alcohol or drugs they can use the help which is offered by social welfare organizations.

(Denken Sie daran, sich möglichst auf das Textmaterial der Klausur zurückzubeziehen.)

Life is worth living – the most important thing to remember is that you have to work hard for a good time.

Schluss

Persönliches Ergebnis verbunden mit einem Appell.

4 Sprechen • *Speaking*

ufgabe 21 Lösung siehe CD, Track 5.

Track5

ufgabe 22 Lösung siehe CD, Track 6.

Track 6

ufgabe 23

Track 7

MRS TURNER: Wellington 235. St. Margaret's International Language School. Mrs. Turner speaking.

SVEN: **Hello Mrs. Turner. This is Sven Schwarz speaking from Germany. Could I have a word with Mr. Wells, please?**

MRS. TURNER: What a pity, he is not in today.

SVEN: **Too bad but maybe you could also answer my questions. It's quite urgent because I'm taking my A-levels soon and I want to be sure that I'll pass them.**

MRS TURNER: OK, what exactly can I do for you then?

SVEN: **I would like to do a language course at Wellington this year. A friend of mine took a course last year and he strongly recommended it.**

MRS. TURNER: When do you have time, Sven?

SVEN: **I checked the dates of my vacations and I would like to take part in a summer course, but I can also make it at Easter. Are there any places left?**

MRS. TURNER: Which of the two would you prefer?

SVEN: **I would certainly prefer the summer courses because I would like to spend some time at the beach as well. It's so pleasant to study when the weather is fine.**

MRS. TURNER: I think there are hardly any vacancies but maybe talking to one of our bosses could solve the problem.

SVEN: **How are we going to proceed then? Is there anything I could do in order to improve my chances?**

MRS. TURNER: I think that Mr. Wells will probably be able to offer you a place in one of the summer courses but I cannot decide that now. He'll have to come back to you tomorrow.

SVEN: **Thank you. That's great. The only problem is that I will be away for the weekend and I'll leave early tomorrow morning. Shall I give you my mobile phone number?**

MRS. TURNER: Oh, wait a moment, please. No, that wont't be necessary. I've just seen that Mr. Wells is here to pick up something he forgot the other day. He'll call you back in a few minutes, OK? Bye, it was nice talking to you …

SVEN: **Thank you very much. I'll stay close to the phone and wait for Mr. Wells' call. It was nice talking to you. Bye, bye and hope to see you in the summer.**

Aufgabe 24

Track 8

Welcome, ladies and gentlemen. My talk today will be about the use of mobile phones at school. The first step will be to give you an insight into the advantages of the new technology on a personal and social level. The major question we are going to tackle next is whether the pros of using mobile phones are outweighed by the cons.

It's crucial to know that schoolkids make extensive use of the media related facilities which a mobile offers. The latest statistics prove that – especially for young people – playing MP3 files is among the most important features of the gadget. And so is the camera function. Let me point at the fact that talking to friends and parents during the breaks offers the chance to find help in difficult situations and to organize life more effectively.

Let's also have a look at the cons. Let me point out that the usage of phones during the lessons should be a no-go but we should keep in mind that misuse cannot be completely avoided. The same is true for taking videos of bullying and crimes, of course. In a nutshell we can say that the pros of using mobiles outweigh the cons by far if we use modern technology responsibly. My personal conclusion is that schools should pay more attention to teach their pupils a competent way of applying new technology rather than trying to forbid it. Thank you very much for your attention. If you have any questions, I'd be pleased to answer them now or if you call me on my mobile.

Notizen

Notizen

Ihre Meinung ist uns wichtig!

Ihre Anregungen sind uns immer willkommen. Bitte informieren Sie uns mit diesem Schein über Ihre Verbesserungsvorschläge!

Titel-Nr.	Seite	Vorschlag

Bitte hier abtrennen

Zutreffendes bitte ankreuzen!

Die Absenderin/der Absender ist:

- ☐ Lehrer/in in den Klassenstufen: ______
- ☐ Fachbetreuer/in
  Fächer: ______
- ☐ Seminarlehrer/in
  Fächer: ______
- ☐ Regierungsfachberater/in
  Fächer: ______
- ☐ Oberstufenbetreuer/in
- ☐ Schulleiter/in
- ☐ Referendar/in, Termin 2. Staatsexamen: ______
- ☐ Leiter/in Lehrerbibliothek
- ☐ Leiter/in Schülerbibliothek
- ☐ Sekretariat
- ☐ Eltern
- ☐ Schüler/in, Klasse: ______
- ☐ Sonstiges: ______

Unterrichtsfächer: (Bei Lehrkräften!)

______

STARK Verlag
Postfach 1852
85318 Freising

19-V1T_GW
Bitte ausfüllen und im frankierten Umschlag an uns einsenden. Für Fensterkuverts geeignet.

Kennen Sie Ihre Kundennummer?
Bitte hier eintragen.

Absender (Bitte in Druckbuchstaben!)

Name/Vorname ______

Straße/Nr. ______

PLZ/Ort/Ortsteil ______

Telefon privat ______ Geburtsjahr ______

E-Mail ______

Schule/Schulstempel (Bitte immer angeben!)

Bitte hier abtrennen

Geschichte

Geschichte 1 – Baden-Württemberg – Die Entwicklung der politischen Kultur im Kaiserreich und in der Weimarer Republik · Die Zerstörung der Demokratie durch den Nationalsozialismus .... Best.-Nr. 84761
Geschichte 2 – Baden-Württemberg Deutschland seit 1945 · Die bipolare Welt .... Best.-Nr. 84762
Geschichte 1 – Bayern Vom 19. Jahrhundert bis zum Ende des Nationalsozialismus .... Best.-Nr. 94781
Geschichte 2 – Bayern Deutschland seit 1945 · Europäische Einigung Weltpolitik der Gegenwart .... Best.-Nr. 94782
Geschichte 1 – NRW Vom 19. Jahrhundert bis zum Ende des Nationalsozialismus .... Best.-Nr. 54761
Geschichte 2 – NRW Deutschland und Europa nach dem Zweiten Weltkrieg .... Best.-Nr. 54762
Geschichte 1 – Deutschland vom 19. Jahrhundert bis zum Ende des Nationalsozialismus .... Best.-Nr. 84763
Geschichte 2 – Deutschland seit 1945 · Europäische Einigung Weltpolitik der Gegenwart .... Best.-Nr. 84764
Methoden Geschichte .... Best.-Nr. 94789
Abitur-Wissen Die Antike .... Best.-Nr. 94783
Abitur-Wissen Das Mittelalter .... Best.-Nr. 94788
Abitur-Wissen Die Französische Revolution .... Best.-Nr. 947810
Abitur-Wissen Die Ära Bismarck: Entstehung und Entwicklung des deutschen Nationalstaats .... Best.-Nr. 94784
Abitur-Wissen Imperialismus und Erster Weltkrieg Best.-Nr. 94785
Abitur-Wissen Die Weimarer Republik .... Best.-Nr. 47815
Abitur-Wissen Nationalsozialismus und Zweiter Weltkrieg .... Best.-Nr. 94786
Abitur-Wissen Deutschland von 1945 bis zur Gegenwart .... Best.-Nr. 947811
Kompakt-Wissen Abitur Geschichte Oberstufe .... Best.-Nr. 947601
Lexikon Geschichte .... Best.-Nr. 94787

Kunst

Abitur-Wissen Malerei, Plastik, Architektur (G8) . Best.-Nr. 949618
Abitur-Wissen Malerei (G9) .... Best.-Nr. 94961
Abitur-Wissen Analyse und Interpretation (G9) .. Best.-Nr. 94962

Wirtschaft/Recht

Wirtschaft – Markt und Preise, Die Zukunft der Sozialen Marktwirtschaft .... Best.-Nr. 84851
Betriebswirtschaft .... Best.-Nr. 94851
Abitur-Wissen Volkswirtschaft .... Best.-Nr. 94881
Abitur-Wissen Rechtslehre .... Best.-Nr. 94882
Kompakt-Wissen Abitur Volkswirtschaft .... Best.-Nr. 948501

Politik

Abitur-Wissen Internationale Beziehungen .... Best.-Nr. 94802
Abitur-Wissen Demokratie .... Best.-Nr. 94803
Abitur-Wissen Sozialpolitik .... Best.-Nr. 94804
Abitur-Wissen Die Europäische Einigung .... Best.-Nr. 94805
Abitur-Wissen Politische Theorie .... Best.-Nr. 94806
Kompakt-Wissen Abitur Politik/Sozialkunde .... Best.-Nr. 948001
Lexikon Politik/Sozialkunde .... Best.-Nr. 94801

Ethik

Ethische Positionen in historischer Entwicklung ... Best.-Nr. 94951
Abitur-Wissen Philosophische Ethik .... Best.-Nr. 94952
Abitur-Wissen Glück und Sinnerfüllung .... Best.-Nr. 94953
Abitur-Wissen Freiheit und Determination .... Best.-Nr. 94954
Abitur-Wissen Recht und Gerechtigkeit .... Best.-Nr. 94955
Abitur-Wissen Religion und Weltanschauungen .. Best.-Nr. 94956
Abitur-Wissen Politische Ethik .... Best.-Nr. 94958

Religion

Katholische Religion 1 – gk .... Best.-Nr. 84991
Katholische Religion 2 – gk .... Best.-Nr. 84992
Abitur-Wissen GK ev. Religion Der Mensch zwischen Gott und Welt .... Best.-Nr. 94973
Abitur-Wissen GK ev. Religion Die Verantwortung des Christen in der Welt .... Best.-Nr. 94974
Abitur-Wissen Glaube und Naturwissenschaft .... Best.-Nr. 94977
Abitur-Wissen Jesus Christus .... Best.-Nr. 94978
Abitur-Wissen Die Frage nach dem Menschen .... Best.-Nr. 94990
Abitur-Wissen Die Bibel .... Best.-Nr. 94992
Abitur-Wissen Christliche Ethik .... Best.-Nr. 94993

Erziehungswissenschaft

Erziehungswissenschaft NRW GK/LK .... Best.-Nr. 54941
Erziehungswissenschaft .... Best.-Nr. 94941

Pädagogik/Psychologie

Grundwissen Pädagogik .... Best.-Nr. 92480
Grundwissen Psychologie .... Best.-Nr. 92481

Sport

Bewegungslehre · Sportpsychologie .... Best.-Nr. 94981
Trainingslehre .... Best.-Nr. 94982

Bestellungen bitte direkt an:
STARK Verlagsgesellschaft mbH & Co. KG · Postfach 1852 · 85318 Freising
Tel. 0180 3 179000* · Fax 0180 3 179001* · www.stark-verlag.de · info@stark-verlag.de
* 9 Cent pro Min. aus dem deutschen Festnetz

STARK

19-V1T_GW